[美] 罗比 · 凯尔曼 · 巴克斯特（Robbie Kellman Baxter） 著
蒋宗强 译

会员经济

发现超级用户，缔造长期交易，赢得持久营业收入

THE MEMBERSHIP ECONOMY

Find Your Super Users, Master the Forever Transaction, and Build Recurring Revenue

中信出版集团 | 北京

图书在版编目（CIP）数据

会员经济：发现超级用户，缔造长期交易，赢得持久营业收入 /（美）罗比 · 凯尔曼 · 巴克斯特著；蒋宗强译 . -- 北京：中信出版社，2021.3

书名原文: The Membership Economy: Find Your Super Users, Master the Forever Transaction, and Build Recurring Revenue

ISBN 978-7-5217-2449-3

Ⅰ. ①会… Ⅱ. ①罗… ②蒋… Ⅲ. ①营销管理 Ⅳ. ① F713.56

中国版本图书馆CIP数据核字（2020）第248943号

Robbie Kellman Baxter
The Membership Economy: Find Your Super Users, Master the Forever Transaction, and Build Recurring Revenue
978-0-07-183932-7

会员经济——发现超级用户，缔造长期交易，赢得持久营业收入

著　　者：［美］罗比 · 凯尔曼 · 巴克斯特
译　　者：蒋宗强
出版发行：中信出版集团股份有限公司
（北京市朝阳区惠新东街甲4号富盛大厦2座　邮编　100029）
承 印 者：北京诚信伟业印刷有限公司

开　　本：787mm × 1092mm　1/16　　印　　张：18.5　　字　　数：180千字
版　　次：2021年3月第1版　　印　　次：2021年3月第1次印刷
京权图字：01－2019－5008
书　　号：ISBN 978－7－5217－2449－3
定　　价：69.00元

谨以此书献给我的父母，

无论何时，

我在他们心中都是优秀的。

目 录

推荐序

归属感很重要。我们每个人都渴望找到属于自己的“部落”，希望这种隶属关系能够支持自己、保护自己、定义自己，帮助自己理解这个纷繁复杂却无法阻挡的世界。我们每天的很多谈话本质上都围绕着归属感展开，比如：你用的是苹果手机还是安卓手机？你到底是不是千禧一代？你属于最富裕的1%，还是剩下的99%？

归属感很强大，甚至强大到了危险的地步。它让我们融入一个群体，却与其他群体隔绝。它让我们在一个群体内获得信息，却无从知晓其他信息。它让我们觉得世界变小变舒服了，但这既是好事，也可能是坏事。罗比·凯尔曼·巴克斯特这本书探讨的主题就是我们在领英上发现的一个现象：会员制只有在尊重和互利的基础上才行得通。在这本书中，罗比谈到了Gainsight公司将“客户服务”重新定义为“帮助客户追求成功”，谈到了亚马逊公司对会员价值的关注，谈到了当航空公司不再重视会员时，它们的里程计划就失败了。你只有像对待会员一样对待你的客户，才会在他们身上投资，而这也是让客户愿意为你掏腰包的唯一方法。

但了解归属感以及如何给别人创造归属感，只是你需要读这本书的原因之一，另一个原因是这本书为你描绘了会员经济的未来发展前景。

罗比写的不是科技公司本身的业务，而是要说明这些公司在过去 15 年接受了科技带来的机遇和变革。这些变革包括：会员制组织与庞大会员群体的双向对话，利用大数据即时了解客户情况和自身业务情况，云计算技术开始得到广泛应用，客户服务趋于个性化，等等。无论哪种类型的组织，只要拥抱这些变革，就有可能成为会员制组织。

几个月前，罗比找我，谈到她正在写一本关于会员经济的书，当时我不确定我们是否需要这本书。当然，到目前为止，大多数人应该都对会员制有所了解了。我们都有过这样的经历：当我们与俱乐部或品牌建立联系时，我们会有一种优越感和归属感，而当这种关系破裂时，我们感觉自己遭到了背叛。

然而，在罗比把这本书稿发给我后，我大约读了两章就意识到自己错了。我恍然大悟，想到马斯洛和归属感的重要性。这本书真是我们所需要的，它拓宽了我的视野，让我从新视角了解领英的产品和业务中一个不断发展的核心主题。

商业模式本身也在发生变化。软件即服务、共享经济、实体商品数字化以及虚拟商品等大趋势，只是即将到来的多项变革的开端。自动化降低了实体商品的成本，3D 打印和其他低成本制造技术使制造业变得可以大规模分销，准时制物流日渐普及，人们对所有权的认知也将发生改变。

罗比就是以这种变化为切入点，探讨会员经济制度和传统所有权制度之间的钟摆会如何摆动。目前的摆动更有利于会员制。这一次，它可能会停留在那里，不再往回摆动了。

所以，慢慢欣赏她的真知灼见吧，思考一下她提出的那些非常实用的战略和策略。

会员经济正等待着你的加入。现在就开始免费体验一下吧。

艾伦·布鲁（Allen Blue）

领英联合创始人

前言

大约10年前，我就开始写这本书了，先是在我脑海里开始构思。我大半辈子都住在硅谷。在过去的13年内，我一直在硅谷经营一家战略咨询公司，我的大部分客户最初都是硅谷的科技公司。

我与网飞公司的合作大概能追溯到10年前。你可能很熟悉网飞，因为《纸牌屋》（*House of Cards*）和《女子监狱》（*Orange Is the New Black*）就是该公司制作的。这两部电视剧都是我的最爱。该公司10年前较为出名的是在线影碟租赁业务。要描述该公司，需要很大的篇幅，因为它的经营模式与众不同。

网飞公司利用先进技术，大大地改善了客户的影碟租赁体验。我在开始担任这家公司的顾问时，就已经是其忠实会员了。我喜欢把自己感兴趣的影碟列成一个清单，它每次给我送来其中的三张。我喜欢在家里预订，然后由网飞派人把我租的影碟送到家里。最重要的是，它不收滞纳金。因此，我就像一个传道者。我非常喜爱网飞。

我的顾问身份又平添了我对这家公司的喜爱之情。我认为，在合作过的公司里面，网飞是最令人激动的一个。它的经营模式非常智能，非常简洁。它可以给用户提供海量的影碟，每次为客户寄送三部，而用户只需要在注册时交纳一笔固定的会员费就够了。用户往往在注册之后都成了永久的忠实客户，即便不是永久，会员身份也会保持好几年。

与那些每次租碟都要收费的租赁店不同的是，网飞在创业初期采用的是一次付费、终身服务的模式，也就是说，从注册到退订的这段时间里，你根本不用重复输入自己的支付信息，就可以持续获得同样美好的体验。对于用户而言，这意味着可以持续不断地观看影片，而且花费较小。对于网飞而言，这意味着源源不断的收入。由于用户体验非常好，客户忠诚度很高，它能够聚集一大群超级客户。这些客户就像传教士那样，非常乐意向市场介绍该公司的服务，并为其提供有益的反馈意见。

在当时来讲，网飞的经营模式具有一定的颠覆性。在当时的数字科技公司里，除了 HBO 和少数手机制造公司，但凡有点规模的，很少采用会员制。网飞并没有多少对手。它的经营模式是以会员制为基础的，也就是说，会员只需要交纳一笔会费，就可以租借它的影碟，影碟所有权暂时让渡，会员只拥有使用权，这有别于传统上那种以所有权完全转让为基础的买卖交易。我对这种模式很感兴趣，后来在为数十家公司提供咨询服务时，就建议它们也采取这种模式，让客户交纳一笔固定的会费，持续享受优质服务，这有利于建立一个稳定的客户群。我清楚地意识到新科技给公司开辟了很多新的经营路径，可以让公司以一种持续的、真诚的方式去接触客户。我发现这种经营模式的优势无处不在。其他人也看到了这一点。一位风险投资人告诉我："会员制就像一件法宝。"这种模式的优势太多了。

我认为，会员经济这种经营模式将对人类社会产生深刻的影响，就像工业革命或汽车大规模普及带来的影响一样。忽视这种模式的领导者将像马车制造商一样被时代湮没。然而，令我深感惊讶的一点是，很多人还没有意识到这一重大转变。有鉴于此，我才写了这本书。

什么是会员经济

那么，究竟什么是会员经济呢？有人说是订购，有人说是组建社群和加强客户沟通，有人说是营造归属感，有人说这种模式早已存在，比如各种各样的协会、忠诚度提升计划和健身房，不都实行了会员制吗？

我认为上述这些都属于会员经济的表现。我给这个概念的定义就是持续不断地正式参与一个公司或团体的状态。每个会员都是一个整体的一部分，一个会员未必能够影响其他会员的体验。如果一家公司能与别人建立稳定的会员关系，而不是单纯的客户关系，我们将会看到这家公司拥有强大的竞争优势。让别人成为自己的会员，不仅仅意味着要改变你和他们交流时使用的措辞，还意味着你要改变自己对待别人、服务别人的思维方式。

无论是从公司角度看，还是从会员角度看，会员经济模式都是有意义的。公司的高管和投资者都认同这个模式的成功，因为它有助于降低他们收入的不确定性。同样，公司的会员也会发现这个模式的吸引力（前提是要妥善运用），因为它有助于让会员之间的联系变得更加密切，有助于为会员提供更大的便利，提高会员的认同感和稳定感。

从当前的情况来看，会员经济模式的前景非常好。得益于不断进步的技术，很多行业落实会员制的能力都得到了大幅提升。会员经济模式的核心是为客户创造价值，而不是以卖掉产品为目标的交易。每家公司都应该把精力集中到客户身上。公司需要支持这种以客户为中心的模式。客户与公司的关系是持久的和正式的，是“持续不断的交易”，对于一家公司的影响是全方位的，这种关系改变着公司所做的每一件事。

商业和心理学是我感兴趣的两个领域，而会员经济将其融合在了一起。这个模式的能量来源于它利用了人类深刻的内在需要。根据心理学家亚伯拉罕·马斯洛（Abraham Maslow）的需要层次理论，人类在生理需要和安全需要得到满足之后，就会寻求归属感，寻求他人的尊重，最后会寻求自我实现。会员经济有助于人们实现这些需要。

这本书肯定适合你

本书提出了一些几乎适用于各类组织的会员制策略，也给出了一些实操案例，提供了一些指导建议，帮助你了解这一模式的关键元素。

希望本书能帮助你更加全面地了解这种模式的优点，为你接下来的行动提供指导。能从本书中获益的核心读者群包括：

1. 一直以产品为中心，却又希望采取会员制的执行官；

2. 希望在初创公司中发挥会员制力量的企业家；

3. 担心会员满意度降低的各类协会的领导者；

4. 负责执行客户忠诚度提升计划的营销人员；

5. 希望通过新模式强化公司实力、巩固客户关系和增强营业收入可预期性的公司董事；

6. 希望凝聚人心的社群组建者；

7. 能够对未来商业模式演变施加影响的商学院学生；

8. 注重人际关系和归属感的个人。

如何读这本书

我在写这本书的时候就明白，时间紧迫的读者总是直接浏览自己感兴趣的章节。我把这本书分为 4 个部分，每一部分包含若干章节。4 个部分内容为：

第一部分　会员经济：建立亲密的人际关系；

第二部分　会员经济的战略与策略；

第三部分　会员制组织的形态与规模；

第四部分　会员经济与转型。

你可以按照章节顺序去阅读，了解环环相扣的概念，当然也可以直接跳到自己最感兴趣的或者觉得最有用的章节。本书末尾的词汇表中，收录了会员经济领域一些术语的定义。

我深深地希望这本书能够给每一位读者带来启发和帮助，让你所在的公司、团体和社交圈子能够缔造更加紧密的人际关系，发挥更加重要的作用。

我当然希望你会觉得这本书生动有趣，但我更希望的是你能够将这本书的一些技巧和提示用到实处，为你的会员打造一家更便利、更可预期和更有价值的公司，并且也让你从中受益。

第一部分

会员经济：建立亲密的人际关系

在即将了解会员经济以及如何运用相关原则之前，你可能想知道会员经济是什么，它为什么重要，以及它如何帮助你自己。基于所有权完全转让的传统交易模式正在趋于消亡，基于所有权短暂让渡的会员经济模式逐渐取而代之，这意味着什么呢？

第一部分概括性地介绍了为什么会员经济模式与经济大环境相得益彰，为什么这种模式具有重要意义，以及它究竟是什么。

会员经济的重要意义和效果不会受到时间流逝的影响。它符合人类倾向于融入某个社群的内在心理。在以交易为主的经济模式下，我们倾向于为建立密切的人际关系多付出一些成本，这就在一定程度上催生了会员经济。

在第一章，你将了解到会员经济模式如何适应不断变化的经济大环境和商业大趋势，以及我们长久以来非常熟悉的订购模式与会员经济模式的相似点和区别。我还介绍了分享经济，并将其同会员经济做了比较。

在第二章，我们更加深入地探讨了方兴未艾的商业文化转变，这种转变正在引导我们逐渐偏离基于商品所有权完全转让的交易型商业模式，并逐渐趋向基于使用权短暂让渡的会员制商业模式。这种转变解释了为什么会员经济模式会引起大众广泛的兴趣，并取得了很大的成功。

在第三章，我们介绍了6类会员经济组织。无论你是消费者（会员），还是负责制定发展战略的领导者，我在本书中一直采用这 6 个类别的模式，帮助你找准自身在会员经济中的位置。

第一部分的三章将会帮助你从整体上了解会员经济，为接下来的几部分做好铺垫——这几部分探讨的是会员经济的具体战略、策略和适用情景。

第一章
会员经济模式适应经济大环境

我们经常会听到与会员经济有关的事情。我们身边总会有朋友热情地给我们推荐这推荐那，比如备受赞誉的《纸牌屋》、原始人饮食法和全面体能训练的好处，以及在线音乐网站潘多拉（Pandora）上的新歌。有一些公司能够赢得客户的喜爱和称赞，并与客户建立起传统上只有在家庭、社群和教会里才会出现的忠诚关系。这些公司的秘诀就在于它们深知人们渴望会员关系，客户渴望找到归属感，渴望与他人建立密切的关系，渴望得到尊重，而那些能够满足客户需求的公司，或者说只有那些更加注重“客户关系”而不是产品的公司，才能在今天的经济大潮中成为赢家。

你拿起这本书，或许就是因为你想弄明白为什么这些公司能够建立起这种忠诚度，以及有多少公司已经建立了这种能够确保营业收入源源不断的经营模式（这种模式被誉为商业领域的“法宝”)。好消息是几乎任何一个类型的公司或非营利组织都能在自己的业务中采用会员经济的原则。会员经济正在转变各类组织与会员打交道的方式，本书将会告诉你如何做到这一点。

要弄明白为什么会员经济的生命力越来越强以及为什么它能

够适应经济大环境，我们有必要先退一步思考一下这个问题。作为人类社会的成员，我们前进的步伐越来越快，花在传统社群上的时间越来越少。这种传统归属感的淡化往往会促使消费者通过新型公司寻求更加灵活、更加密切的人际关系。这种关系突破了传统的俱乐部、教堂和家族聚会的限制。

罗伯特·帕特南（Robert D. Putnam）在其2001年出版的《独自打保龄：美国社区的衰落与复兴》（*Bowling Alone: The Collapse and Revival of American Community*[1]）一书中展现了美国人如何与家族、朋友、邻居及我们的民主架构日趋疏远，以及我们如何重新建立与它们的联系。他花了25年的时间，做了将近50万次访谈，用大量的证据表明我们签署的请愿书越来越少，定期聚会的公司越来越少，对邻居的了解越来越少，与朋友见面的次数越来越少，甚至与家人见面的次数也越来越少。“独自打保龄”这个隐喻说明很多人可能比以往更爱打保龄球，但不是组团打，而是一个人打。

针对帕特南所指的这一趋势，会员经济就是有效应对之策。会员经济使得各种各样的公司建立了日益深厚的社会资本，创建了富有意义的人际关系。或许可以说人与人之间并非不再联系，而是这些联系在新技术的推动下出现在了新领域。

会员经济已经导致商业模式发生了重大转变。会员制是永恒的、重要的和强大的。人们渴望加入这种模式。我住的那个小镇上有一个房子非常密集的社区，业主不能修建很高的围墙和大门，要留出宽敞的人行道，甚至还有一个“社区公园”。之所以这样，

会员制是永恒的、重要的和强大的。

就是为了让这个社区看起来像一个典型的“美国小镇”。几个街区之外，有一个同样便利和负有盛名的社区，院落更大，房子更大，但人们依然愿意支付几乎相同的价格购买人际关系更加密切的社区里面的房子。

换句话讲，人们似乎愿意为了在一个社区里面建立人际关系而多付出一些成本，他们为了与别人联系，愿意放弃一定的隐私。采取会员制模式的公司就相当于为其客户建立了一个理想的社区。在一个社区里面购买和维护一座房子需要一定的成本，因此，一个社区必须确保业主之间能够建立良好的关系，这样这个社区的价值也能得到保证。

会员制和订购制的差异

会员制更加注重对待会员的态度和情感，而订购制更加注重财务安排。当然，有的公司可能既采取了会员制，也采取了订购制。事实上，会员制是订购制的一种合理拓展。很多会员制公司并不认为自己是会员制，而是说“我们采用的是订购制”“我们采用的是分享制”“我们是一家有亲和力的交易型公司”，或者说“我们是一家社交网站”。有时候，它们说会员制公司必须是使命驱动型的非营利公司，或者是纯粹建立在会员关系之上。

这些说法都有些偏颇。

缔造一家会员制公司的根本要素是这家公司的态度及其会员

的感受，而非会员是否采取了订购模式。如果一家公司看不到自己是这个大潮流中的一分子，那么它构建客户关系和强化经营模式的能力将会受到限制。

订购制的确能够为客户提供资源的使用权以及其他多重选择。我们以影碟租赁公司为例。如果采取订购制，客户可能会订购数十张甚至数百张影碟，购买了这些影碟之后，就完全拥有了它们的所有权。然而，如果采用会员制，客户就可以欣赏数以千计来自不同国家、不同题材的影碟，用户可以获得极大的选择空间，可以欣赏最新发行的片子，而且平均每个月的费用更低，能帮客户省钱，唯一区别就是这些用户只是暂时享有这些影碟的使用权，而不是通过购买的方式掌握所有权。由此可知，使用权比所有权强大得多。会员制下的租赁关系为客户和公司创造了互惠互利的机会，建立了一种稳定持久的关系。

上面所讲的内容是会员制的优点。会员从网飞公司获得的一种价值是他人对于影片和电视剧的评价，这种价值是由会员社群创造的。网飞也设计了一种算法搜集数据，分析会员的行为，并利用获得的信息向会员推荐其他影片。

即便有这些好处，网飞的很多用户还是不觉得自己是会员，这没什么关系，因为从本质上讲，他们是会员经济的一部分。即便没有使用会员制这个名称，没有付费加入一个社群，公司和客户也从会员经济原则的应用中获益。

会员经济如何发展到今天这个程度？

商业模式向会员经济模式转变的历程，与向其他模式转变的历程是一样的。首先，会员经济模式在某些重大的外部力量的推动下应运而生，逐渐迎合人类从古至今都存在的社交需求，慢慢地对各种产业和公司都造成了冲击，最终变成了一种大趋势和新常态，商学院将其纳入课程范围，各类公司和组织的管理人员开始将其落到实处。下面我们就逐个分析一下这里提到的几个方面。

会员经济模式在重大外部力量的推动下应运而生

会员经济主要源自两个重要的外部驱动力：第一个是无处不在的互联网。人们现在可以通过多种设备接入互联网，随时获取最新的内容和服务，并与其他会员和公司本身保持联系。第二个是数据存储和处理成本大幅下降，这使得公司能够以非常低的成本存储数据，并为会员提供在线获取服务。

在线获取的第一阶段是单向的，即公司为客户提供服务和内容。然而，近年来，随着科学技术的进步，在线获取迎来了第二阶段，即客户能够对公司做出回应，为公司提供反馈，不同的客户之间也能建立联系。

比如，通用汽车公司最近因为某款汽车与十几人丧命有关，召回了 160 万辆同款汽车，并利用其脸书（Facebook）官方账号回应了公众关切的问题。[2] 该公司的用户在科技的帮助下从单纯的用户转变成了会员，创建了一个社群，形成了相互依赖的关系。

与此同时，除了互联网接入成本下滑，数据存储和处理的成本也大幅下滑，这使得各类公司和组织能够更加轻松地承担为客户提供服务和内容的成本，同时公司也能够以一种更加先进的方式思考定价问题。

无处不在却又廉价的互联网为会员经济的产生和发展创造了理想条件。

迎合人类从古至今都存在的社交需求

一些专家一直不厌其烦地哀叹，互联网导致了那种面对面的传统社群的衰落以及归属感的淡化。然而，科技让我们彼此之间能够以前所未有的方式建立联系。通过 Skype，我可以同南非、希腊和亚洲的客户聊天。通过汇集专业人士的在线社群，我可以在一瞬间向数百名顾问发送信息，征求他们的建议。我不用乘飞机前往遥远的地方，只需要哪怕几分钟的时间，就可以通过网络加强我的社交网络。

人们渴望与别人建立联系，渴望从别人那里获取能量、知识，得到安慰。最富有意义和最有影响力的社群可能不同于传统社群了（比如由居住在同一个社区的妈妈们组成的社群，再比如宗教协会和同业公会，等等），但现在人们可以借助新的技术手段保持联系。今天，我们的人际关系再也不会因距离远近而受到限制了。

尽管人们总是抱怨脸书的一些用户时常晒自己的日常琐事，

今天，我们的人际关系再也不会因距离远近而受到限制了。

比如早饭吃了什么、和谁谁分手了等等，但脸书一直是一个重要的社交工具，它可以帮助家庭安排聚会事宜，帮助人们重新联系上久未谋面的老朋友，甚至可以成为救命的工具。比如，2014 年夏季，渐冻人协会为了筹集善款，发起了“冰桶挑战赛”。这个活动很简单——在摄像头面前，让别人举起一桶冰水，从头顶淋在你身上，你就完成了“冰桶挑战”，然后你可以将你参加挑战的照片发到社交网站上，并在自己的社交圈里任意挑选三个人发起挑战，24 小时内，被挑战者要是不能完成挑战并上传视频，就得向渐冻人协会捐款 100 美元。这项活动成为当时网络上最热门的话题。Instagram 上面充斥着人们往自己头上浇冰水的照片，而那一年渐冻人协会收到的善款也是前一年的 4 倍。[3]

通过会员制，会员能觉察到自己的重要性，发现自己与他人建立了密切联系，或者能够在帮助别人的过程中收获一种成就感。总而言之，会员制让我们收获了更美好的感觉。

会员经济对各类行业和公司造成了广泛冲击

会员经济促使各类行业和公司转型的案例不胜枚举。加州一个美发沙龙就采取了会员制，成为会员之后，可以享受优惠价格，该沙龙还鼓励会员在店里聚会。掘客网（Digg）、红迪网（Reddit）和新闻 360（News360）等新闻聚合网站也采取了会员制，并努力改变会员接收新闻、评价新闻以及给新闻设置优先阅读顺序的方式。YouTube 为其会员提供了专业提升自我以及寻求个人满足感的机会。Flickr、Pinterest 和咔嚓鱼（Snapfish）之类的图片分享网站使那些摄影发烧友会员之间建立了深厚的联系。一个名为“私人照片管理者协会”（Association of Personal Photo Organizers，APPO）的组织则为其会员提供培训服务，并鼓励这些会员去协助摄影爱好者处理照片。

一旦你开始思考会员制的原则如何与当前的商业模式融合，你就将看到机遇无处不在。这意味着一个明显的事实，即这种模式很可能跟你高度相关。

会员经济终将成为一种新常态

目前，很多商学院都开设以会员制为基础的营销课程，几乎每一家大公司都会专门围绕某个产品设立一个团队去构建会员社群，希望以此给会员营造一种归属感，再平常不过的产品也不例外。越来越多的公司开始投入时间和精力，打造持久的客户关系。

会员经济融合了商业与心理学，因为它的能量源自人类内心深处的需求。

会员经济模式以一种持续不断的方式帮助人们满足这些需求，因为大多数会员业务都利用了某种形式的持续订购。然而，会员制公司和订购制公司存在很大的差异。

会员经济与分享经济

由于我在会员经济方面拥有专业知识，因此，我经常被邀请评价其他新型商业模式，其中一个就是分享经济。这种模式与会员经济有密切联系。

分享经济的基础是分享（或者说租赁）当前处于闲置状态的资产，比如一辆汽车、一间卧室、一个度假公寓等等。这是一个相对较新的说法，目前非常流行。不过，虽然人们到现在才对分享经济感兴趣，但是这种理念由来已久。比如，你可以想一想房屋分享网站 VRBO。这是美国最受欢迎的度假租赁网站，超过 100 万名会员在该网站上发布了自己的房源用于短租。该网站的一个运营原则是，一些宝贵的房屋处于闲置状态，其价值没有得到发挥，如果业主在自己不用的时候与别人分享，那就将闲置房屋的价值释放了出来。这是一种以分享利用率较低的资产为基础的、可持续的商业模式。这类例子还包括房屋短租网站爱彼迎、汽车短租网站 RelayRides 和音乐分享网站 Napster。

在那些成功的分享经济类公司里面，很多其实都是依赖会员经济模式运作的。人们必须对会员经济的基本架构产生认同感，传统社群中的人际互信才能得到拓展。在我看来，分享经济是会员经济的一个小类。

人们在谈到分享经济时，往往指的是分享属于个人的东西，而不是属于一家公司的东西。以汽车短租网站 RelayRides 为例。

假设你来到我生活的旧金山市，想租一辆车。我可以步行上班，因此，我的车大部分时间都处于闲置状态。我们都是该网站的会员，你就可以在线下单，租我的车，而且成本比传统租车要低。

相比之下，网飞的会员可以分享海量的影片资源，只不过这种资源属于公司，而不是属于个人。这种分享不是个人与个人之间的分享，而是网飞为其所有会员提供资源使用权。

科学技术的变革推动了分享经济的快速发展。大规模的分享业务赖以开展的前提是人与人之间的互信。互联网使我们能够建立起这样一个互信体系。随时随地接入互联网的移动通信设备，使得我们能够随时以更高的效率分享资源。10 年前，如果一个陌生人想与我分享一辆汽车，我很难答应他，但在今天的技术环境之下，我们有了大数据，可以实时评估你的信用和我的信用，你可以清楚地看到我的车放在哪里，这样就更加容易将我闲置的资产与你未得到满足的需求匹配起来。

如果一些资产价格昂贵，但还没有得到充分利用，那么这种情况下分享经济是最有意义的，比如，你的度假小屋、收藏品以及特殊场合穿的服装往往都没有得到充分利用，这也是分享经济最初兴起的领域。

小结

得益于不可阻挡的社会趋势和不断发展的科学技术，会员经济已经应运而生，且呈蓬勃之势。计算机和互联网正在像汽车量产那样深刻地改变着人类的生活方式，甚至包括人们的恋爱方式和购物方式。然而，尽管出现了这些改变，但人类内心深处对于建立亲密人际关系的需求是不变的。如何塑造一家满足这类需求的公司，是后续章节讨论的主题。

第二章
使用权短暂让渡的会员制商业模式

可以试着在谷歌上搜一下“membership”（会员资格、会员身份）这个英文单词，你会发现大多数搜索结果都是博物馆、教堂和其他非营利组织，也就是说，这个单词传统上主要是一些非营利组织和一些会员忠诚度非常高的俱乐部在使用。这着实令人感到遗憾，因为正如我之前所讲的那样，会员经济的适用范围包括很多类型的组织，不仅仅局限于非营利组织和一些实施客户忠诚度提升计划的公司。事实上，对于任何一个组织而言，只要它围绕着客户需求去设计自身的运作架构，让客户与自身建立一种持续的、正式的联系，并把会员关系置于一切工作的核心位置，就可以说它是一个会员制组织。

从注重所有权到注重使用权

过去，我们的很多经济活动赖以开展的原则是所有权的完全转让。公司销售商品，消费者购买并拥有商品。所有权这一概念简单明了，如果一个东西是我的，那么它就是我的，我可以改动、毁掉、卖掉或储藏起来，也可以利用起来，想用多久就用多久。然而，掌握所有权也意味着自己必须承担由此引发的一系列责任。

比如，我们很多人都有汽车。这种所有权当然有其好处。如果你想在车身的一侧喷上火焰图案，想抬升或降低底盘，或者想定制个性化的车牌，那么你必须拥有这辆汽车的所有权。但如果汽车发生故障或者一次剐蹭事故导致车灯损坏，那么你就得去维修。如果维修成本太高，你就得决定是买一辆新车，还是将就着开，忍受车轮看起来都不牢固的感觉。

如果你只是想偶尔用一下汽车，或者没有自己的车库，又或者总是想开最新款的汽车，那么买车（也就是拥有一辆汽车的所有权）不是你的最佳选择。你可以考虑短期或长期租车。但这些做法都没有发挥出会员经济的优势。

今天，科技已经为人们提供了前所未有的租车机遇。比如，Zipcar 公司为其会员提供租车服务，会员可以租用该公司的汽车，可以按单程收费，而不是按单日收费。RelayRides 可以帮助一个会员租其他会员的闲置车辆。优步（Uber）可以让车主充当兼职司机，消费者可以在线叫车。

所有权和使用权是事物的两种属性，而现在使用权日渐突出，所有权日渐淡化。人们在因为拥有、维护和储存物品而感到沮丧时，就会想办法尽量减轻自己的压力。此外，人们也想通过加入某个社群来寻求一种有意义的人际关系。这样一来，采取会员经济模式的公司就是最好的解决办法，既能减轻所有者的负担，也能为人们获取社群意识提供渠道。

所有权和使用权是事物的两种属性，而现在使用权日渐突出，所有权日渐淡化。

表 1 描述了所有制与会员制的主要区别。衡量所有制模式的关键指标是折旧率、交易规模和规模经济，而衡量会员制的关键指标是客户终生价值和客户留存率。

表 1　所有制与会员制的主要区别

	所有制经济	会员制经济
关键衡量指标	折旧率、交易规模、制造业的规模经济	客户终生价值、客户留存率
客户价值实现渠道	交叉销售	为会员提供不同级别的价值与附加值
个性化程度	根据客户需求定制	由公司为会员制定统一标准
取样情况	有免费样品或免费试用	免费试用或免费增值服务
关键目标	受控制，不灵活	灵活
网络效应	很小	很重要
定价基础	产品或服务的成本	能给客户创造多少价值
产品创新情况	寻求重大突破，持续性差	注重持续创新
公司与客户的关系	交易结束，关系终止	稳定持久

从注重隐私到注重归属感

一些人希望做什么事都保持匿名，以便保护个人隐私，但另一些人则愿意放弃一定的个人隐私，以换取归属感带来的社会认同感和其他好处。隐私是一个复杂的概念，围绕这个概念的争论一直都存在，而且可能永远都不会停止。你想跟别人分享多少隐私？和谁分享？为了换取会员身份的特权，你应该放弃多少隐私？很多人面临的一个挑战就是既要获得一个组织提供给会员的便利，又想保持独立，不愿意放弃隐私。有的人不想让政府掌握自己的隐私，希望尽量避免没必要的社交活动，而还有一些人会积极地参加社交活动，但他们的真实目的很单纯，仅仅是为了和别人建立关系。

我和卡里·罗森兹威格（Cary Rosenzweig）就是单纯因希望与别人建立关系而参加社交活动的人。或许这也是我们共同致力于会员经济研究的一个原因。卡里曾经在聊天软件公司 IMVU 做了 5 年的首席执行官。其网站是世界上最早和最成功的虚拟聊天社区之一。它是一个在线社交娱乐网站，“会员可以用 3D 虚拟人物头像与新朋友见面、聊天、创作和玩游戏”[1]。会员通过打游戏挣得虚拟货币，也可以用真正的钱去购买虚拟货币，然后用这些虚拟货币去创作内容，或者购买和出售虚拟商品，等等。

该网站令人惊叹的地方在于它一方面能够让会员保持匿名状态，另一方面又为会员提供了作为会员应该享受的便利，比如，与其他会员建立联系、结交朋友等等。卡里说：“最令我惊奇的事情之一是这些虚拟人物头像的背后竟然能够培养出真正的关系和感情。”[2]

很多人通过 IMVU 这个虚拟世界建立联系之后，就会在现实世界中约会见面，培养出真诚的友谊，而且不止一对男女走进了婚姻的殿堂。一方面，你可以看到这些年轻的会员希望保护自己的隐私，在社交网站上把自己的中间名换作姓氏，或者索性用一个绰号作为自己的网名——虽然大多数采取会员制的公司很少发生侵犯隐私或者性骚扰事件，但大多数会员都不愿用真名与别人建立联系。他们这样做或许是出于安全考虑，不想让自己的学校或雇主知道自己的疯狂行为；或许是为了检验一下社群的安全性，以免自己以后受到伤害。但另一方面，这些年轻的会员又希望融入一个社群，成为这个社群的会员，享受作为会员的好处。

会员经济的商业模式可能适合你的公司，但不一定适合你自己。你可能不愿意成为一家公司的会员，你想每次都用现金支付，放弃这家公司推出的忠诚度提升计划，以保护自己的隐私。你也不想用脸书，不仅因为不想发帖子，还因为不想去看自己添加的联系人不停地发布烦人的状态。会员制的意义在于建立人际关系、获取资源的使用权，这与个人隐私和所有权没有多大关系，但并不是每个人都这么认为，有些人不愿意加入会员经济，这也没什么问题。

世界上有数以百计（也可能数以千计）的公司都在运用本书描述的会员经济理念、策略和技巧。即便你不是一家公司的会员，也不妨碍你和这家公司打交道。比如，作为一名营销人员，你即使没有生过孩子，依然能够将尿不湿卖给别人，并帮助别人看到尿不湿的价值。再比如，就我本人而言，我曾经给多家销售高性能自行车、数据库和商业流程管理软件的公司提供咨询服务，但我并不是它们的会员。同一家公司打交道并不意味着你必须成为它的目标客户。

一个优秀的营销人员应该有无限兴趣，积极寻找目标买家，思考他们的购买习惯，以及如何赢得他们的忠诚。

一个优秀的营销人员应该有无限兴趣，积极寻找目标买家，思考他们的购买习惯，以及如何赢得他们的忠诚。即便你自己不愿意加入会员制，觉得自己不想过度曝光，不想公开自己的太多信息，也请记住，对于别人来说，会员制很重要，值得付出更多的代价去加入。

会员经济对于会员非常重要

会员之所以喜欢会员经济模式，是因为这种模式满足了人类强烈的内在需求，比如，对归属感和荣誉的需求。

你当然也可以在采取所有制模式的公司里得到上述好处，但会员制模式更加强调持久的关系，强调使用权，而不是所有权，会员可以采取定期小额付款的方式，而不是一次性的高额付款。会员制模式可以用最好的方式满足会员的需求。

关于会员制模式和所有制模式的重要性，可谓众说纷纭，莫衷一是，但这两种模式可以并存，只不过在不同的行业占据的地位不同。基于所有权的模式的优点是更安全，可以更好地保护会员的隐私，可以提高公司的控制能力。但目前基于所有权的模式的受欢迎程度已经大大降低，而更加注重会员关系的会员制模式更加重要。房产经纪人指出，如今的买家对独栋的大房子不太感

> **基于所有权的模式的优点是更安全，可以更好地保护会员的隐私，可以提高公司的控制能力。**

兴趣，而是较为关心社区的品质，更关心社区有哪些公用资产，比如游泳池、俱乐部等，还关心社区同当地景点的距离。音乐爱好者会拿出自己收藏的唱片同别人分享，以换取别人订购的数字音乐，他们更注重与志同道合的人住在一起，组建一个注重分享的社区。

在过去20年内，很多传统的会员制模式对人们生活的影响力都下降了，人们的生活与工作似乎转瞬间就会发生变化，导致了孤独感和脆弱感。幸运的是，科技使得人们能够建立重要的联系。

会员经济对于数十个产业和各种规模的公司而言都很重要，至少有以下三个主要原因：

- 这个模式能够创造源源不断的营业收入，消除营业收入的不稳定性。大多数公司必须应对季节变化带来的不利影响，有些公司比其他公司更注重这一点。如果每个月都能收入一些会费，就能弥补年度收入高峰与低谷之间的差距。
- 这个模式有利于公司将客户摆在核心位置，与客户建立一种更加直接的关系，有助于强化品牌。如果一家公司与其客户建立了牢固的、积极的关系，那么它就能利用会员的忠诚逐渐发展壮大，会员也会将这家公司推荐给其他人，有助于公司抵抗竞争威胁。
- 这种模式可以为公司创造源源不断的数据流，而公司可以

> 利用这些数据改善服务质量，并探索提升客户满意度的新机遇。一家公司越是能够了解客户的需求、行为和态度，就越能更好地满足客户需求。

几乎任何一家公司都可以采取会员制，这种模式有利于提升客户忠诚度，让客户更好地参与公司的发展过程，并且鼓励客户向其他人推荐这家公司。如果一家公司考虑采取会员制，就会把精力放在提供长远价值上，而这最终会提高客户的终生价值。没有考虑这种模式的首席执行官会错失一个引领公司实现长远、可持续赢利的巨大机会。

小结

基于所有权的商业模式的确具有一定的优点，但今天的消费者日益青睐基于使用权的商业模式，因为仅仅拥有使用权能够最大限度地降低消费者储藏和保养商品的压力，同时也能为消费者提供参与社群的新方式。

要参与会员经济，我们必须直面一个事实，即必须放弃一部分个人隐私，才能换取会员身份的好处。

会员制模式满足了人类强烈的内在需求，这也是其在很多组织日益受欢迎的原因之一。事实上，几乎任何一个组织都可以采用会员制模式。

第三章
会员制的多种形式

如果从组织架构角度来看，会员制已经拥有一千多年的历史了。最早的天主教会和中世纪的同业公会，就是这种组织架构的一种表现。

但从经济角度来看，我们现在熟知的会员制是风靡全球的科技变革成就催生的一个新理念，这些成就包括个人计算机、互联网、社交网络、用户创建内容、云计算、大数据等等。

会员制强调组织与会员之间建立一种正式、持久的关系，代表着商业模式的未来发展方向。我相信这一模式正在取代传统的交易模式，而且不顺应这一潮流的组织将会走向失败。

你在购买一个产品的时候，比如在诺德斯特龙百货公司（Nordstrom）购买一双“玖熙”牌（Nine West）的鞋子，在店里你会得到很多帮助，而一旦交易结束，这种关系也就随之结束了。你可以选择再次光临，也可以选择不做回头客。你和这家公司之间不存在一种持久的承诺。但在会员制模式下，你和公司之间存在一种持久的承诺，在你亲自取消会员身份之前，这种承诺一直存在。

我最初注意到会员经济引起的冲击波是在 15 年前，如今这种

只要一个组织与其客户建立了正式、持久的利害关系，那就可以说这个组织属于会员制组织。

模式已经随处可见了。技术发展使得个体与个体、个体与组织，以及组织与组织之间建立了新型关系。因此，越来越多的组织注重与客户建立正式且持久的关系。事实上，这就相当于同客户建立了永久性的交易关系。

只要一个组织与其客户建立了正式、持久的利害关系，那就可以说这个组织属于会员制组织。这种正式的关系有多种表现方式，比如网飞或调查猴子公司（SurveyMonkey）客户的持续订阅，脸书用户创建的账号，金牌健身俱乐部（Gold's Gym）客户办理的会员卡，等等。会员能够明白这种关系是持久的，而不仅仅局限于某一次具体交易。在会员取消会员身份之前，交易可以一直延续下去。

此外，在大多数会员制组织里，会员要想获得会员身份带来的好处，需要承担一定的责任。比如，加入一个协会或乡村俱乐部时需要交纳一定的会费，加入 Pinterest 或推特时需要上传一些内容，甚至在加入 Groupon 这个团购网站时必须放弃一定的隐私信息。在一个组织里面，会员表达利益诉求和做出的贡献有不同的表现，比如，简单的持续付款模式（《纽约时报》的会员就需要定期支付订阅费），或者一张旨在提升会员忠诚度的会员卡（比如星巴克的会员卡、美联航的“前程万里”会员积分卡），又或者一群会员反过来塑造自己所属的组织提供的服务（比如乳腺癌宣传网站的在线社群）。

在理想情况下，会员不仅有机会与自己所处的组织互动，还有机会同其他会员互动。这就意味着这个社群将会从每一位会员的思想、经验和意见中受益。并非所有的会员制组织都建立了会员社群，但许多会员制组织的确因为社群的存在而受益颇多。

会员制组织享有竞争优势，因为其会员往往忠诚度很高，很可能帮助公司招揽新会员。此外，会员的反馈意见和持续不断的会员行为信息使得采取会员制的组织能够真正了解会员的需求，与会员的关系越密切，就越能抵制竞争威胁。如果他们仅仅停留在传统的交易关系上，那他们之间的关系就很脆弱了，因为这样很难同客户建立持久的关系。会员制会让客户感觉到非常便利，可以享用公司的资源和服务，而且付费方式很灵活。

会员制可以让公司获得稳定的、可预期的经常性收入，堪称一大法宝。稳定的收入可以降低领导者管理一个组织的难度，可以拿出更多资金去扩大投入，规划未来。我这本书中讲的就是那些已经发现这一“法宝”的组织，同时也告诉其他组织可以效仿。

会员制组织的多种表现形式

除了非营利组织，会员制组织还有哪些形式呢？在本书中，我主要提到了 6 类会员制组织，其中包括非营利组织。当然，会员制组织不只包含这 6 类，还有很多属于混合性质的。

数字订购类

会员定期付费，订购公司提供的内容、功能和服务等。公司可以采取“免费增值”模式。这个模式指的是用免费服务吸引用户，用户可以永久使用这些免费服务，但如果用户希望使用更高级的服务，就必须付费，从免费用户升级为付费用户，从而增加网站的收入。这类公司包括文件在线存储与分享服务商 Egnyte 公司、在线影碟租赁服务商网飞公司、在线音乐点播服务商潘多拉和云存储平台 Dropbox 等等。

在线社群类

会员通过免费或付费的方式与志同道合的人展开互动。许多在线社群也善于使用数字订购模式。这方面的公司包括领英、脸书和 Pinterest 等等。

实施会员忠诚度提升计划类

会员因为经常性和持续性的消费而获得奖励，比如星巴克公司推出的“星享卡”、凯撒娱乐公司（Caesars Entertainment，在 1995—2010 年被称为“哈拉斯娱乐公司”）推出的“全面奖励计划”，以及很多航空公司推出的“飞行常客积分计划”等等。

传统会员制公司

这些营利性的蓝筹股公司是以会员制为基础的，并且经常被视为会员制组织的典范。这类公司包括美国运通（American

Express）、T-Mobile、Curves 女子健身中心以及慧俪轻体减肥中心（Weight Watchers）。

小型公司和咨询机构

这类组织一般是将会员经济原则融入自身商业模式的独资公司和地方性的零售商，它们往往通过会员忠诚度提升计划、在线订阅和在线社群与会员建立密切的联系，比如年薪高达百万美元的咨询师艾伦·韦斯（Alan Weiss）、加州门洛帕克的开普勒书店（Kepler's Books）等等。

非营利组织、专业协会及同业公会

诸如专业性质的协会、宗教机构、慈善机构以及艺术中心等非营利组织会将收入盈余用于再投资，实现既定目标，而不是当作利润或红利分配给会员。这类机构包括塞拉俱乐部（Sierra Club）、美国退休人员协会以及私人照片管理者协会等等。

会员经济的负面影响

一些人说会员经济的好处是有代价的。很多人对会员经济的埋怨不无道理，毕竟不是每个人都能愉快地放弃个人隐私。在线社群也可能给人造成令人吃惊的压力。

很多社交网站的会员总是担心自己会错过什么，以至过度沉迷其中，给自己的生活平添了很多麻烦。还有一些人沮丧地说自己只是偶尔用一下资源，却每个月都要付费。一些社群已经因为无法有效地维护会员隐私而遭到了调查。比如，脸书等一些最成功、最受欢迎的会员制社交网站都曾经因为利用会员数据开展未经批准的研究而遭到指责。[1]

会员经济不会引发社会弊病，但有可能将很多社会弊病带入在线社群和社交网站这些美妙的新世界里。在这些世界里，用户数据可能在未经许可的情况下遭到滥用，而且无凭无据的谣言可能会以光速扩散。

小结

会员经济在技术变革的浪潮下应运而生，该经济模式注重与客户建立稳定持久的关系，而不是追求一锤子买卖。几乎任何一个组织都可以采取会员制。会员制可以提高营业收入的稳定性与可预期性。

会员制组织从结构上可以分为数字订购类、在线社群类、实施会员忠诚度提升计划类、传统会员制公司、小型公司和咨询机构，以及非营利组织、专业协会和同业公会。

会员经济并非没有任何负面影响。比如：会员为了使用某个资源而不得不放弃一定的个人隐私；会员由于过于担心错过某些信息而沉迷网络，从而加重心理负担；某些公司的正直性令人存疑，会员数据可能遭到滥用。会员经济不会引发社会弊病，但有可能将一些社会弊病带入新型商业模式中。

第二部分

会员经济的战略与策略

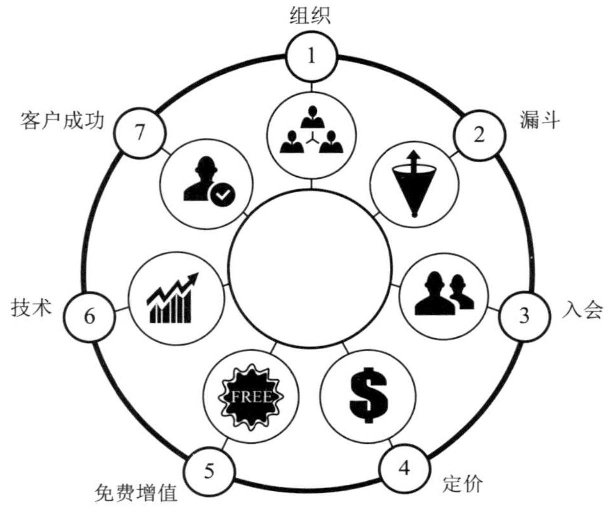

读完第一部分之后，你已经了解了什么是会员经济，这时，你可能想知道如何才能让自己的组织更好地运用会员制。在这一部分，你将了解到一些有用的战略和策略。如果你的组织已经采取了会员制，此刻正谋求更大的发展，那么接下来的内容对你来说非常有价值，因为我会教你一些非常有用的战略和策略。

第二部分构成了本书的基础。如果有一场关于会员经济的测验，那么大部分答案都能在第二部分找到。表 2 列出了 7 个战略，这些战略构成了会员经济的基础。你还将看到一些你可以运用的策略。

在阅读过程中，你可以标出自己最爱的、能够立即运用的内容。或许你可以列一个表记录下来。如果你能明白如何运用这些战略和策略，那么你肯定能够走上成功之路。

表 2　会员经济的战略

战　略	依　据
打造正确的组织	会员经济要求一个组织改变自身的文化和态度，而不仅仅是营销策略
自下而上地打造一个会员获取漏斗	留住老会员比招揽新会员更重要，因为留住老会员可以让你节约更多的成本，有利于缔造持久交易
成功引导新会员成为超级用户	刚入会的那些日子，对任何一位会员来讲都是至关重要的，如果引导得当，就可以与他们建立长期接触
提供简单而有弹性的定价方式	定价时要给自己留下适当的选择空间，而不要在刚建立会员关系时就把事情弄得太复杂
将免费作为策略，而非战略	免费是会员经济的一个强大工具，但前提必须是它能够支撑整个商业模式
运用正确的技术追踪正确的数据	会员会留下海量的数据，通过分析这些数据，并采取相应的行动，一个组织就能与其会员建立更牢固的关系
留住优秀会员，让其他人适时离开	在会员经济中，忠诚至关重要，能够推动一个组织的成功，但有时候，让某些会员适时离开是一个较好的选择

第四章
打造正确的组织：推广营销创新和技术创新

如果想让你所在的组织真正成为会员经济的一部分，那就要从团队和文化着手，你需要合适的人才，并且确定优先追求什么价值。

会员制被美国退休人员协会摆在了核心位置。该协会致力于提高老年人的生活品质，积极引领社会变革，通过信息、宣传与服务为会员创造价值。该协会真正把精力用在满足会员的需求上，并且认为这一目标优先于其他任何目标。2014 年秋季，我见到了该协会的执行副总裁、办公室主任凯文·唐纳伦（Kevin Donnellan）及负责会员事务的高级副总裁林恩·门托（Lynn Mento），他们当时正要推出一款名为 RealPad 的平板电脑，这是他们专门为那些不善于使用新潮科技产品的 50 岁以上的人研发的。[1]

我问他们，如果市场上忽然充斥亚马逊、三星和苹果的大批仿制品，他们会有何感想。他们的回答令我感到惊讶，给我留下了深刻的印象。唐纳伦说他们会既惊又喜。当时我对他们这种回答持怀疑态度，我原本认为一旦他们的产品被仿造，必然会对他们构成竞争威胁，他们会因此感到沮丧。但他们解释说为 50 岁以上的人群提供更多的选择是他们存在的理由，而且他们评判自己的组织是否成功的真正标准就是，是否能够完成自己的使命，而不是实现短期的收入目标。这种使命驱动型的组织诠释了会员经济的文化内涵。当一个组织希望与其会员建立长期关系时，这个组织就不会迷失在短期的财务目标上。

当然，几乎每一个组织都建议其雇员将会员的需求摆在一切决策的核心位置。但要做到这一点，需要考虑的因素很多。组织与会员的沟通方式至关重要，而且组织在讨论会员事务时所用的措辞也很重要。最重要的是，营销和创新必须被摆到优先位置。

促进一种注重营销创新的文化

在营销问题上，很多组织一旦发现完成了既定的宣传目标和其他活动（比如网站更新、发送新闻稿件、制订忠诚度提升计划等等），觉得自己已经做得够多了，便开始大幅削减在营销、研究、分析和规划方面的开支。但完成这些活动之后就把营销工作搁置一边是不妥的。一个组织必须确保自己时刻能够通过正确的宣传和正确的产品去接触正确的客户，并利用正确的指标去评价自己同客户建立的长期关系。营销不仅仅是宣传，更多的是意味着聚焦市场。聚焦市场总是正确的，在会员经济中尤其如此。只有如此，才能及时了解会员需求，才能留住会员，而留住老会员比吸纳新会员更加重要。

营销部门应该确保自己的组织提供的产品或服务能够满足目

标买家的需求，并确保潜在买家了解这个商品或服务的好处，愿意注册加入，成为一个忠诚的会员。这些目标都有衡量标准，营销人员应该跟踪这些观察目标，以确保自己正在同客户建立正确的关系。

好的营销必须以诚实为基础。有时，人们有一种错误的想法，认为所谓好的营销就是欺骗别人购买他们并不需要的东西。这非但不符合伦理道德，而且因为会员制经济模式需要与客户保持持久的关系，这种做法根本就行不通。

硅谷有一家科技公司名叫 Gainsight，堪称会员制公司的一个典范。它的使命就是确保其会员获得成功。它的软件旨在帮助其会员公司加强与其他会员的关系。该公司的首席执行官尼克·梅塔（Nick Mehta）认为，其实公司没必要设立一个专门跟踪客户满意度的部门，没必要设立客户支持部门，只需要设立一个帮助客户取得成功的部门就足够了。公司需要给所有雇员赋权，给他们提供足够的自主斟酌空间，这样他们才能发挥影响力。尼克是这么想的，也是这么做的，给所有团队成员提供了足够大的自主斟酌空间，方便他们照顾好客户的需求。

与此形成鲜明对比的是常规的客服方式。比如，客户会给客服中心打电话抱怨说“我买的东西没收到”“我买的东西运过来的时候已经摔坏了”“我对产品的功能不满意”，等等。一般情况下，公司在培训客服人员的时候总是教他们如何尽快说服客户挂断电话，有时候公司甚至根据客服人员说服多少个客户挂断电话来考核客服人员的绩效。

在会员制模式下，整个公司都需要与会员制战略保持一致。

然而，如果一家公司以帮助客户取得成功为导向，那么它的雇员就会更加乐于为客户提供咨询意见。他们的任务就是帮助来电客户以更高的效率去使用他们的产品，这样客户就会越来越忠诚。如果一个员工帮助客户变得更成功，客户的忠诚度就会增加。Gainsight 公司帮助客户取得成功的使命，着重强调了员工的角色，并塑造了为客户服务的公司文化。

在会员制公司中，奋战在一线的员工必须明白公司独特的商业模式要维系下去，必须同会员保持密切关系，而且这与满足一般客户的需求是不一样的。一线工作人员提供的服务必须远远超出会员的期待。他们要做的还不止于此。公司必须为客服人员充分赋权、提供足够的训练，甚至还可能要提高薪资水平。这样一来，一旦会员遇到什么问题，他们就能及时为会员提供良好的建议，解决会员的问题和忧虑。一旦产品发生变动，产品开发人员以及经理们必须审慎地考虑是否会破坏会员的期望。在会员制模式下，整个公司都需要与会员制战略保持一致。

在会员制经济模式下，除了一线工作人员，另外一个非常重要的角色就是社群管理员。这个角色的职责是吸引、管理和利用一家公司创建的强大的会员社群。蒂姆·麦克唐纳德（Tim McDonald）曾经在《赫芬顿邮报》担任过社群管理员，后来创办了“我的社群管理员”网站（My Community Manager），专门帮助公司客户管理会员关系。他曾经说过，会员社群管理员的工作面临的挑战就在于“既要代表品牌去和会员社群沟通，又要代表会员社群去和品牌沟通”[2]。如果公司能够找到一个非常尽职尽责的、有奉献精神的人去管理会员关系，就能给公司带来很大红利，不仅有助于提高会员忠诚度，还有助于发现会员究竟看中了品牌的哪些元素。

建立一个会员制组织并不仅仅意味着提出自己的选择、执行自己的方案或者销售自己的产品，还要塑造整个公司文化。这涉及你雇用的所有人，涉及你给他们灌输什么样的公司文化，以及对他们抱有什么样的期待。

一家会员制公司要想成功，必须构建一种关注会员关系长期演变的公司文化。首席执行官和营销部门主管都必须了解会员需要什么，以及这些需求如何随着时间的推移而改变。此外，人力资源管理部门的负责人必须确保其招聘的每一个人都笃信公司文化，并且会身体力行地践行公司文化。表 3 揭示了所有制模式与会员制模式的不同之处。

在一家采取所有制模式的公司中，营销人员总是一味地追求大订单，而在一家采取会员制模式的公司中，营销人员的目标是先播下数以百计的种子，然后勤浇灌，因为他们知道假以时日，这些种子就会发芽，他们就会有收获。在一家采取所有制模式的公司中，客服人员的目标是最大限度地平息客户的不满；而在一家采取会员制模式的公司中，客服人员的目标则是最大限度地提高客户对公司的忠诚度。

表 3 不同模式下的不同角色

	所有制模式	会员制模式
首席执行官	产品导向	客户关系导向
财务状况	波动变化大	稳定，可预期
产品团队	追求重大突破，非持续创新	追求持续创新
销售团队	注重获得大订单	注重耐心培养客户关系
客服团队	注重平息客户不满	注重理解客户需求，尽力提高客户忠诚度
营销团队	只注重公司对客户的单向沟通	注重公司与客户的双向沟通，甚至与多方沟通
信息技术和运营团队	为客户量身定制解决方案，雇用一大批人，随时随地待命	外包非核心业务；注重利用云技术；不提供定制方案，仅提供模式化方案

以凯撒娱乐公司为例。该公司授权员工为客户提供一些特别的优惠，比如，员工有权在没有得到上级批准的情况下，自主决定让普通会员享受一下较高级别会员才能享受的服务，给会员赠送一瓶饮料，或者打破公司规定给会员提供服务。

相反，航空公司一般没有这么灵活，只有维珍航空、西南航空等少数几家例外。这些例外的航空公司在前些年就注重为会员提供一些额外的优惠措施，从而凸显自己的与众不同。对于大多数航空公司而言，忠诚度提升计划都存在不足，员工无权自主决定是否满足会员提出的需求。它们所谓的忠诚度提升计划其实并没有给员工提供适当的角色，也没有建立适当的公司文化，因此，无法真正支撑它们与会员的关系。

下面是这类公司客服和客户的一段很有代表性的对话。

航空公司客服代表：我看到你有 14 513 积分，可以免费为你升一次头等舱。

客户：我不想升到头等舱，我想让我女儿免费搭乘一次这个航班。

航空公司客服代表：这个我们做不了主。

事实上，在这类公司里面，员工就算想帮会员也不行，因为他们根本没有得到这方面的授权，没有自主斟酌的空间。

不久前，我同一位风险投资人聊过相关的话题。他只投资那些采取会员制的公司。他说，会员制公司让他惊讶的一个地方就是组织架构。在这些初创公司，员工的工作模式与众不同。他们拥有与众不同的头衔，需要掌握不同的技巧。当一家公司从传统模式转向会员制时，有些老员工会显得多余，而有些人才需要重新招聘。

会员制公司需要将自身与会员的关系深化为合作伙伴关系，需要把眼光放长远一些，重塑自身同研发公司、销售公司和上游的原料供应商之间的关系，以便为会员提供更好的服务。比如，Salesforce 公司从一开始就投入了大量资金，与相关产品的销售商建立了很好的合作关系，这些销售商开发了一些应用程序，让 Salesforce 公司的用户享受到了更多的服务。

今天，该公司有一个专业的团队负责招聘、审查和宣传这些应用程序开发者，从而使其用户更加依赖相关产品。用户一旦退掉会员资格，转投其他公司，就会付出很大的代价。此外，在该公司提出的大部分计划中，这些应用程序开发者都愿意承担一部分资金。

洞察营销玄机，促进持续创新

在几乎任何类型的公司中，创新都不会引起异议。对于会员制公司而言，持续创新尤其重要。最好的公司会不断创新自己的产品或服务。比如，美国运通就是这方面的佼佼者。该公司在过去几年中一直坚持为自己的会员提供不断变化的增值服务，比如给会员打个折或者提供一些专属服务。亚马逊推出的“金牌会员服务”也在不断增添新的内容。

创新不能一蹴而就，相反，它需要一个过程，这个过程根植于一个组织的文化氛围中。创新往往被描述为引进新点子、新设备或新方法，但在会员制组织中，创新必须是持续不断的。必须这样做，因为这个组织与其会员的关系是持续的。大多数组织都认为“创新”是一个名词，比如，它们会说：“这个创新真的让我们在竞争中与众不同。”但我们需要将其视为一个动词，需要持续创新，永远寻找新的、更好的方法去为会员提供价值。

会员制组织的创新往往会由于缺乏持续性而失败。我不止一次地听到高管们的抱怨。比如，一家致力于保障儿童权益的著名非营利组织的执行董事曾对我说：“会员们的想法跟以前不一样了，他们对我们的期待越来越多了。他们怎么了？他们为什么如此自私呢？”

对于这位执行董事而言，新会员的态度容易发生变化，这令他感到惊讶和沮丧。但变化是难免的，他们需要将持续创新奉为准则。不愿持续创新、不愿灵活应变的组织太多了。很多组织都是拿出很多钱搞一个大动作，吸引会员，然后一直安逸地吃老本，不再注重改进服务。来看看美国全国公共广播电台基金会。它是一个以募捐为主业的非营利组织，曾经提出一些听起来就很复杂的募捐计划，但根据会员的反馈情况，前不久它提出了一个名为“48 小时内让募捐翻一番”的计划，这听起来就简单明了多了。除此之外，要想吸引和留住会员，总能找出几十种新颖的方式。

一旦你吸引了新会员，他们就可能在你这里留存很长一段时间。会员留存率对于增加营业收入非常重要，有时候这会成为公司唯一聚焦的事情。你要像随时关注营业收入一样去认真关注新会员的增加情况。不然，你可能会发现老会员的年龄越来越大，新会员却没有增加多少。这样下去，你会越来越意识不到新会员的重要性。持续创新才能吸引新会员，同时留住老会员，这样才能最大限度地降低公司的风险。

由于对公司具有一定的忠诚度，会员往往比普通客户更宽容。普通客户每次在与公司进行交易时，都要考虑到底要不要花这笔钱。但有了会员资格之后，客户便不再需要仔细考虑是否要花钱，支付过程是自动完成的。只有当会员取消会员资格之后，才需要考虑上述问题。因此，会员比一锤子买卖式的客户要稳定得多。

由于对公司具有一定的忠诚度，会员往往比普通客户更宽容。

会员制可能会让公司产生一种虚假的安全感，使其误以为自己不需要做出调整或者改进服务了，因为会员们看起来似乎很开心。然而，在某一时刻，如果公司提供的价值和收取的会费之间的差异太大，不仅会失去现有会员，还可能无法引入新会员。这可能意味着数月乃至数年的糟糕业绩。

当发现我是会员经济方面的专家时，人们总是向我吐槽一些会员制公司是如何不公平地对待他们的。他们告诉我，很久以前，他们还没成年的时候，曾经注册过贝塔斯曼音乐俱乐部和哥伦比亚音乐俱乐部的会员，你还能记起这两个俱乐部吗？然而，注册之后，令人沮丧的事情接踵而至，因为这两个俱乐部会在你没有提出请求的情况下给你寄唱片，除非你在很短的时间内赶紧退回去，否则就视为你已经接受了。有人抱怨说航空公司推出的忠诚度提升计划实际上反而降低了会员的忠诚度。最近，还有人向我抱怨软件公司的服务，本来有一些软件套装，会员已经用了好几年，但软件公司忽然停止销售了，改为每个月都给会员提供一些所谓的订购软件，会员反而觉得这些新软件没有给自己带来更多的价值。

关于客户管理，一些基本原则永远都不会变。客户与公司的关系建立在良好的价值和公平的价格基础之上。如果你没有持续增加客户和会员得到的价值，就无法长期成功地经营一家公司。

你的公司应该有一个人从战略层面去管理产品和营销团队。

这个人应该对公司的买家和产品非常了解，能够解释清楚为什么客户应该选择忠诚于你的公司，而且能够解释清楚如何以及为什么要寻找新会员。如果你的公司现在没有这么一个人，那么你可能需要考虑搞一次人员变动了。如果你不知道怎么操作，可以考虑聘请外面的专家来评估一下你的公司。了解市场需求和环境是一个会员制公司赖以成功的最大决定因素。

为什么营销领域青睐会员制

如果你正在从事营销工作，那么会员制会让你的工作变轻松。一旦你搞定了一个客户，使其成为你的会员，那么这位客户就可能终生忠诚于你的公司。如果你的模式能够加强公司同会员之间的联系，使会员成为一个密切联系的群体，那么这些会员的忠诚度就会与日俱增，从而进一步增强他们同公司之间的长期联系。

许多会员制公司犯了一个错误：它们把会员的会费当成新收入，但是新收入应该是指买家当天购买了公司提供的产品或服务而产生的收入。像会费这种经常性收入是被动的，如果会员取消了会员资格或者取消了自动续订服务，那就表明他们对公司的产品或服务产生了不满。一家公司是致力于持续创新，还是缺乏创新，可以从两个维度来考察，一是新会员的增加数量，二是老会员的流失数量。

我们不能理所当然地认为会员身份是一成不变的。你不能说

> **我们不能理所当然地认为会员身份是一成不变的。**

某一个客户成了会员之后就不会离开了。你必须具有持续创新的意愿。具有讽刺意味的是，会员的忠诚可能会让会员制公司产生错觉，误以为会员对自己的产品和服务感到满意，但事实上此时公司提供的东西可能已经无法与之前的价值相媲美了。如果公司没有持续改进自己的服务，以匹配公司品牌给客户应有的承诺，那么或许某一天，当会员的信用卡到期，或者在报纸上读到了某个信息，忽然意识到自己的续订服务没有价值时，他们便很有可能取消会员资格，另投他处。

美国在线（America Online）就是一个很好的反面案例。

最初，美国在线有友好的用户界面和“围墙花园”[①]模式，可谓一个安全舒适的门户网站。随着时间的推移，得益于宽带技术和新型浏览器的发展，许多更廉价、更快速的网站开始出现，浏览网页变得更容易了。美国在线的用户终于发现了更好的产品和服务。当客户意识到这一点时，他们觉得美国在线一直在欺骗他们，从而导致美国在线的品牌遭受了损失，从此一蹶不振。

这是很不幸的，因为美国在线确实曾经是互联网上的第一个主流品牌。它本可以像谷歌、易趣（eBay）或脸书那样获得持久成功。2014 年，美国在线仍然在努力搞清楚公司的定位，将其

① 围墙花园（walled garden），指网站把用户限制在一个特定的范围内，允许用户访问这个范围内的网页，对其他未被允许的网页，则不会默认允许用户直接访问，而是提醒用户加以甄别，再决定是否访问，从而加大用户访问墙外网页的难度。——译者注

大多数的技术卖掉或授权加盟，并发展成为一家拥有科技博客（TechCrunch）、《赫芬顿邮报》、电影地带（Moviefone）和地图网站 MapQuest 等多个资产的品牌公司。

每家公司都有自己专注的领域。因此，如果公司想为客户提供更大的价值，提供更多的产品和服务，往往会做出错误的选择。比如，易趣曾经多次尝试为其庞大而活跃的商户和交易员群体提供更大的价值。2005 年，它以 26 亿美元的价格收购了 Skype，希望通过网络电话协议（VoIP）服务来改善客户之间的沟通。购买者与销售者可以通过这个软件谈论他们感兴趣的商品，卖家可以通过这个软件与买家聊天、建立关系。

然而，易趣发现，会员们已经习惯了使用电子邮件，不需要语音或视频。尽管易趣认为自己和 Skype 的目标用户之间存在巨大的重叠，会产生协同效应，但事实证明，易趣的会员并不感兴趣，并不想从易趣的在线市场购买音频和视频通信服务。最终，在收购 Skype 4 年后，易趣于 2009 年以 19 亿美元的价格将其出售。自那以后，易趣又进行了多次收购，其中大部分都与易趣的购物和支付体验更好地结合在了一起，而且这些收购通常比较成功。我鼓励客户去探索扩张，并创造性地“修补”一下自己的服务。即使他们仍然决定坚持他们的固有业务，我也会鼓励他们去探索，因为我能看到如果他们不去探索的话，最终会发生什么。如果你的产品真的很有吸引力，那么无论如何，要坚持下去，不要分散你的注意力。但如果你发现新会员的增速放缓，或者更糟糕的是，看到老会员留存率下降，那么你可能需要考虑提供其他产品了。

探索如何为忠诚的会员提供更大的价值，一直都是一种很有价值的活动。

小结

记住，如果你想变成一家真正的会员制公司，享受会员制的好处，你就需要推广一种营销创新和技术创新的公司文化。你需要使用会员经济的措辞，用“会员”去称呼自己的客户，真正理解客户需求。你需要授权给你的一线员工，让会员意识到你的员工是独立的，能够好好照顾会员的需求。你需要对维护会员关系进行投资，以管理好这些关系。你需要根据会员带来的价值，而不是根据某个具体的交易量去给销售人员发放薪酬。你可能需要重新考虑改进客户服务，提高客户满意度。

第五章
自下而上建立有效的“会员获取漏斗”

假设我告诉你我不喜欢麦当劳，因为我和我丈夫去那里庆祝结婚纪念日的时候，那里的氛围以及缺少鱼子酱和香槟让人感到失望，你可能会说：“罗比，难道你不知道麦当劳不是为结婚纪念日而设计的吗？”它的设计元素就是快餐、廉价和体验一致性。

麦当劳在让人们了解其品牌内涵上做得很好。不仅如此，它在确保体验一致性方面做得也很好，因为你走进世界上任何一家麦当劳餐厅，薯条和巨无霸尝起来都没有什么差别。

麦当劳向外界传递这个明确的信息非常重要，因为这样一来，人们就不会因为产品不符合自己的口味而提出苛刻的批评意见了。但这种“销售漏斗”也存在一定的负面作用，很多人由于非常熟悉麦当劳的品牌和广告，所以从来不去那里就餐。但我认为，顾客在走进麦当劳餐厅之后，不会因为口味差异而感到惊讶，这样对公司而言是非常稳妥的。

在这一章中，我们将重点放在漏斗型结构上。我将解释漏斗型结构是什么，以及你如何使用漏斗型结构或替代性的结构去吸引合适的人，让他们愿意和你接触，甚至激励他们留下来，从而不断加强漏斗型结构的作用。最好的会员制模式不仅仅局限于单次交易，而是会去追踪会员的多种行为，包括申请附加服务和会员级别等。漏斗型结构甚至有利于追踪现有会员推荐新会员的情况。

会员获取漏斗中的几个步骤

图 1 展示了典型的会员获取漏斗，其中包括几个步骤，你可以审视一下自己的公司是不是这么做的。这些步骤具有重要意义，因为它们能让你意识到怎么做才能赢得新会员（或者失去老会员）。

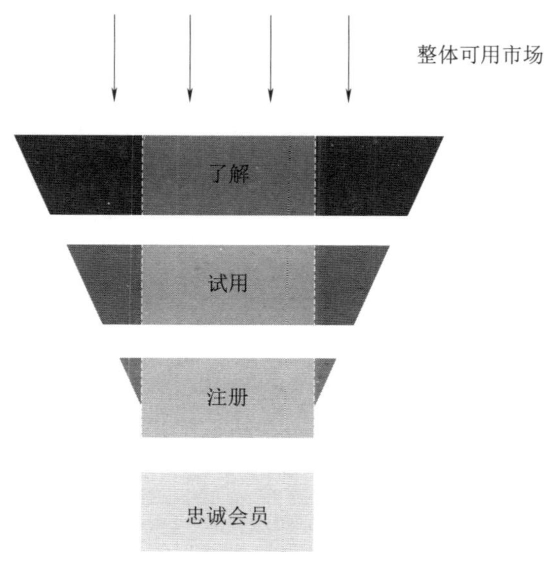

图 1 会员获取漏斗

这个漏斗贯穿了潜在客户从了解品牌到成为忠诚会员的整个

过程。位于这个漏斗最上方的是那些知道你的品牌但还没有开始与你互动的潜在客户。最下面的是忠诚会员。不同的营销方式，比如合作伙伴关系、广告活动和促销活动，应该都能为漏斗提供能量。一部分潜在客户意识到这一产品的存在，他们想要了解更多。有些人会试用。有些人在试用之后会成为会员。位于这个漏斗中间位置的是那些已经和你的品牌接触过，但还没有成为真正会员的潜在会员。也许他们参加过你们公司举办的活动，或者读过你们的宣传材料。在这一阶段，重要的是同客户建立信任，让他们向你的公司做出正式承诺。位于漏斗底部的是会员，他们正在接触你的公司，并且希望这种接触越来越多。

许多公司对这种宽顶窄底的漏斗结构很满意，他们的想法是，让更多的人接触并试用自己的产品总是有好处的。然而，这种漏斗型结构存在严重浪费客户资源的现象，因为漏斗顶部有很多人接触过你的品牌，但或许永远不会成为你的客户。

这种漏斗型结构的一个替代品就是图 2 所示的那种滑道型结构。滑道型结构的一个特征就是顶部和底部的宽度相同，客户从顶部向底部变化的速度非常快。通过缩小漏斗的宽度，也就是从一开始就专注于增强客户对公司品牌的认同感，并尽力扩大漏斗内部各阶段的潜在客户人数，公司就能形成这种滑道型结构。

我举个例子。美国运通就是在这两种结构之间徘徊的一家公司。最初，它只是推出了一张绿色的信用卡，并在市场上发起宣传活动，提高知名度。随着它越来越了解谁才是真正的忠诚会员，它改进了自己的宣传活动，推出了新产品——金卡、铂金卡、蓝卡、黑卡，而且针对与银行没有任何交易记录的客户群体推出了两款信用卡，这类客户包括新移民群体和低收入群体。由于推出了这些新产品，并举办了很多重要的宣传活动，美国运通公司正在从之前单一的漏斗型结构转向滑道型结构。

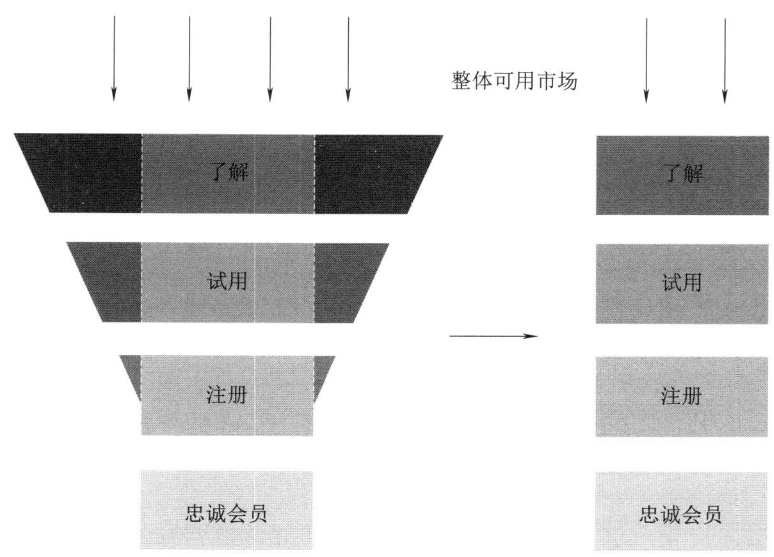

图 2 漏斗型结构和滑道型结构

目标营销（targeted marketing）对于会员制公司的重要性甚至超过了对于非会员制公司的重要性，因为只有当瞄准会员，使其长期忠诚于公司时，公司才可能获得盈利。如果一家公司出钱让一个潜在客户免费试用自己的产品，而这个客户又不愿意成为其会员，那么这笔钱就等于被浪费掉了，而且试用者也可能会对公司的做法感到失望。

步骤 1a：首先着眼于漏斗的底部

所有的努力都要从漏斗的底部开始，思考一下哪些人可能变成忠诚会员，然后思考一下这些人真正需要什么样的产品或服务，从而确保公司提供的产品或服务同目标会员的需求是一致的。实际上，这些产品需要与组织的使命相一致，以兑现对新会员的承诺。要做到这一点，公司需要确切地知道自己的目标客户是谁。（你做到这一点了吗？）还需要百分之百地确信公司最好的销售人员有能力在 45 分钟的飞机飞行过程中与陌生人开展一次友好的交谈，从而把理想的潜在客户变成真正的客户。换句话说，如果你有足够的时间用一种有针对性的方式去解释公司产品的价值，客户就会购买你的产品。

要想利用漏斗结构获得价值，首先要让潜在客户知道你提供什么，之后他们才有可能逐渐接受成为你的会员。在许多公司，潜在客户变成会员的步骤包括了解、参与（也就是说，潜在客户允许公司联系自己）、试用和注册会员。有些公司在会员注册后还会定期更新会员信息，想办法卖给会员更多的产品。你要对漏斗结构的每一个环节有清晰的定义，然后持续追踪几个相关的比率，这一点非常重要。

需要追踪的比率有好几个。你需要追踪了解你公司的人数和实际与试用者数量之间的比率，然后你要追踪在一段时间内试用者与转化为会员的人数的比率。你可能想从更加微观的角度去追踪这些比率，比如，某一次具体的宣传活动或某一个具体的营销渠道带来的变化有多大。但从一开始，你要知道每一个环节的人数有多少，如果从一个环节成功转化到另一个环节的人数很不理想，那么你的漏斗就有漏洞了，这样会造成资源浪费。

步骤 1b：吸引会员到漏斗底部以后，进一步提高其参与度，留住他们

此外，你还希望确保客户在成为你的会员之后继续留下来。如果你刚刚开始创业，这可能会很棘手，但对老牌公司来说，至少在最初的 30 天内留住会员是轻而易举的，这段时间足以使会员形成一种消费习惯，这样对公司而言是非常有价值的。如果会员身份给会员带来的利益很强大，他们就会留下来。要知道，有时候人们因为一时的乐观或者抱有过多期待而注册成为你的会员，但注册之后却意识到没有从会员身份中获得符合期待的价值，就可能会注销会员资格，即便没有立即注销，也会在不久的将来注销。这时，你也可以想象得到他们会感到愤怒，感到自己遭到了背叛，他们可能在媒体上散播对你公司不利的言论，从而影响到你公司的口碑。

有时候，你甚至可以利用漏斗型结构去跟踪评估潜在客户成为会员后发生的事情，因为它可以衡量新会员的表现，评估他们是否会向朋友推荐你的公司，并评估那些忠诚的会员与离开的会员有什么区别。具备这种作用的漏斗形状类似于一个沙漏（如图 3 所示），通过漏斗的底部，就进入了下一个扩大阶段，也就是强调交易的重要性。利用这个漏斗结构，你可以看到在每个新会员最初完成交易之后，公司的营业收入显著增加了。你如果使用这种沙漏结构，就会更加强烈地意识到留住你所获得的会员是多么重要。

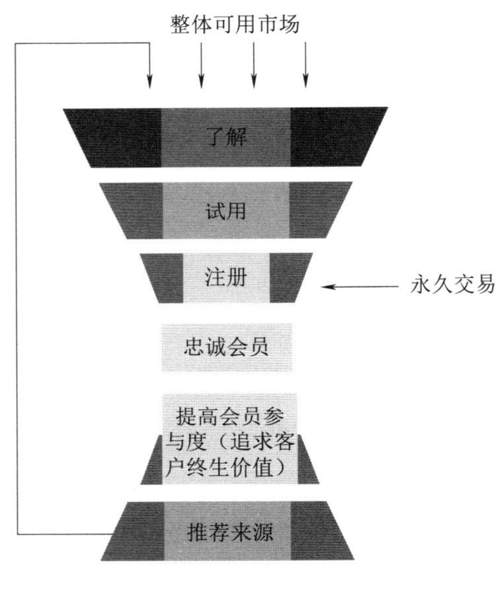

图 3　沙漏结构

因此，第一个步骤，也就是让你公司提供的价值与会员的期待相一致，是至关重要的。如果不确定一个潜在客户是否会喜欢你提供的某项服务，那么投资这项业务就是没有意义的，你唯一要做的就是确定谁是你的目标以及能为他们提供什么价值，其他任何事情都是无意义的。也许你的目标是错误的。也许你的产品或服务不够完善。

在任何情况下，都不要投入巨资去讨好那些有可能迅速离开、只会让你徒增成本的会员。根据会员需求提供相应的好处才是最重要的，但许多公司忽略了这一点，只想尽可能多地增加会员数量。

步骤 2：改进你给客户传递的信息

你不能指望你的首席执行官亲自向客户传递每一条信息，所以你要弄清楚如何明确传递你的信息，以便在首席执行官不出面的情况下也能顺利传递信息。为了与你的公司合作，你的潜在客户需要知道哪些关键的信息？你如何在没有宣传人员的情况下完善你要传递的文字和图片呢？

你可以通过网络渠道、电话营销，或者现场推销来检验你打算传递的信息。事先检验至关重要。这意味着你要尝试不同的方案，每次只做少量的尝试，并对结果进行比较，直到做出一种似乎始终有效的选择。

同样，要记住，在知道自己打算给客户传递什么样的信息之前，在知道自己打算给客户提供什么类型的产品或服务之前，不要在广告、网站或销售团队培训上投入重金。要有耐心，多做尝试，灵活一些，这些才是对你有价值的事情。

步骤 3：选择渠道，制订拓展计划

明确了有说服力的信息之后，接下来就可以想一想要开展哪些宣传活动。在说服客户购买时，你要想方设法满足他们的期待。

比如，面向 7 月份坐在沙滩上的客户，如果你推销冬季的皮大衣，那么无论你的说辞多么动听，客户都不会考虑。你需要考虑通过合适的渠道以及在合适的时机去接触目标客户。如果选择了正确的渠道，好处就是便于在短时间内反复检验你的想法是否可行，又不必投入大量资金。

如果你想采取免费增值模式，并依靠病毒式营销，那么你或许应该想办法让越来越多的人免费成为你的会员，让他们有机会持续接触你的产品或服务，也有机会跟其他会员互动。你认为用关键字打广告的效果好，还是通过与客户缔结伙伴关系，让他们免费帮你宣传的效果更好？有很多方法可以让人们进入你的漏斗并培养他们，直到他们愿意掏腰包购买你的产品或服务。然而，有效的方法会随着时间推移而改变，所以即使当前的方法是有效的，也要不断测试和评估。

但要记住从漏斗的最底端开始着手，先知道什么类型的潜在客户可能会成为会员并留下来，以及这些客户有什么需求。在此之前，千万不要一味地花钱去获取更多会员。

步骤 4：不断检验和完善

会员获取漏斗结构并非一蹴而就，而是需要反复实施，不断检验和完善你的想法。会员制公司能够借助这个过程了解到自己面临哪些挑战。如果老会员的留存率很高，但新会员的增速降低了，那么，即使你的会员对你的公司表现得很忠诚（这种忠诚很可能是由会员自身的惰性导致的，而不是你的公司多有吸引力），你向潜在客户传递的信息也可能不再具有足够的吸引力，以至无法赢得新会员。如果你发现老会员的留存率在下降，那就说明老会员的期待出现了落差，他们看不到自己的会员身份能带来足够大的价值。

我建议我的客户（不仅是营销人员，还包括整个领导团队）在每周的团队会议上审视本公司的漏斗结构和衡量指标，以识别指标的变化，并努力改进每一个比率。每当新增一个营销计划或渠道时，都要跟踪相应指标的变动情况，并将之同其他程序做比较，思考如何优化营销计划和渠道，以获得最佳结果。

记住，从漏斗的底部开始着手，慢慢向顶部推进。这是一种更划算的方法。

不断改进你的漏斗结构，因为你想要的不是筛子

会员获取漏斗的功能不只是吸引和获取会员，它还能告诉你以下几个方面的信息：

- 究竟有哪些营销渠道和计划可以提高客户对会员身份的认同感，促使他们注册成为你的会员，并提高会员的忠诚度。
- 客户在什么情况下会失去对你公司的兴趣，从而打消注册会员的想法。
- 你的会员注册流程究竟运作得如何。
- 最好的会员从何而来。

随着时间的推移，你会希望越来越多的人了解并接触你的公司，试用你的产品或服务，然后注册成为你的会员。这时，你就可以利用漏斗结构帮你找出最值得担忧的问题。比如，如果你围绕某一个方案尝试着做了大量的工作，但没有人注册会员，那么，你就可以专注于这个方案并加以改进。客户之所以没有注册会员，也许是因为他们没有充分使用试用品，所以他们在试用期结束前没有发现试用品能带来哪些好处。也有可能他们喜欢这个试用品，但发现成为会员的成本太高了，比如商品或服务价格比较高，或者必须维持一定时期的会员身份而不能注销。还有可能因为客户甚至没有意识到自己使用了你的试用品，根本没有从中发现什么好处，我曾经的一个客户就是这种情况。你可以针对一小部分试用者改变商品或服务的定价，然后看看是否能够有效地增强客户注册会员的意愿。

如果你花大量的资金，通过电子邮件、宣传促销活动、推文和广告等手段搞品牌活动，试图提高客户的会员意识，最终却没有人登记试用你的产品，那么这些人可能只是喜欢你的电子邮件、免费赠送活动和浏览网站内容，而不需要你提供的东西。换句话说，你找错了营销对象。

找出问题所在，就可以改进你的会员获取漏斗。

与急于创新的公司相比，在创新方法上较为稳重的公司会得到更好的回报。

慧俪轻体就是一个正面例子。该公司是一家全球领先的健康减肥服务机构，其理念是通过智慧饮食和合理运动达到健康减肥的目的。在向潜在客户开展营销攻势之前，它首先着眼于漏斗结构的底部，投入资金，对自己的服务进行创新，想办法让客户获得更好的体验和更多的好处。该公司之前已经成功创建线下经营模式，帮助客户减轻体重，但后来重新思考整个运作模式之后，为了给客户提供数字化的体验，就花时间建立了这个网站，开始采取一个完全不同于以往的模式。

但该公司的情况并不多见。与以往任何时候相比，现在的公司似乎更加急迫地搞名目繁多的创新，没锁定正确的目标客户群体就发动营销攻势，认为在此过程中能够发现有效的做法，但很少有人能像史蒂夫·乔布斯那样成功创新，将苹果手机打造成梦幻般的产品，大部分人最后都会在盲目的创新中蒙受损失。

史蒂夫·乔布斯有一句名言：“客户不知道自己想要什么。”也就是说，客户有时候无法就自身需求提供良好的反馈，因为他们根本不知道自己想要什么，只有在看到一个产品之后，客户才可能忽然发现自己需要它。10 年前，谁知道自己需要苹果手机呢？谁知道自己需要一台平板电脑呢？对许多误入歧途的公司来说，这意味着它们必须比消费者更清楚消费者想要什么，如果自己生产出来这样一个产品，推向市场，客户自然会出现。不幸的是，在 99% 的情况下，这种盲目创新的方法都以惨败收场。如果你说自己可以成为下一个乔布斯，并且知道客户需要什么，这就好比说你要从大学退学，创办一家公司，因为史蒂夫·乔布斯就是这么做的。事实上，他这种做法并不意味着对每个人都有效。

小结

你应该建立一个有效的、自下而上的会员获取漏斗，不断完善传递给客户的信息，选择最有可能成为会员的潜在客户群体，为他们提供他们感兴趣的商品或服务，在他们最有可能对你提供的东西感兴趣的时候，选择正确的营销渠道去接触他们。

一旦你拥有一个有效的渠道之后，就会希望消除障碍，立即向会员传递价值并奖励符合你期待的行为，同客户积极互动，这就是我们将在下一章讨论的主题。

第六章
如何提高新会员的忠诚度

会员制公司想要（也需要）其会员养成一个习惯，即经常参与公司的活动。为此，公司需要制定正确的战略和策略，鼓励会员养成经常与公司互动的习惯。这一切首先要从新会员高效入会开始。

我鼓励我的客户在开始考虑会员获取渠道之前就对新会员的入会过程加以优化，因为这个过程非常重要。新会员的入会过程非常类似于新员工的入职过程，都是将新人带入公司，使其熟悉公司。在这个过程中，公司要为新会员提供一份会员权益指南，让他们对自己从会员身份中得到的好处有一个正确的预期，并帮助他们成功地用好自己的会员身份，确保他们拥有足够的知识、习惯和心态，以便在这个新社群中取得成功。在客户注册为会员后，这个入会过程就可以展开了。

成功的入会过程有三个关键步骤（如表 4 和图 4 所示）：第一，消除障碍；第二，立即传递价值；第三，奖励符合你期待的行为。

这些步骤要不断重复，不断改进，才能留住新会员，并且提高他们的忠诚度，鼓励他们帮你介绍新人，让他们在新社群的活动中更加积极。

表 4 成功的入会过程

步骤 1：消除障碍	
注册成为会员（免费试用或定期续约）	尽可能减少障碍，让这个过程变得更顺畅
欢迎入会	确保客户明白自己已经入会，感谢他们的加入
步骤 2：立即传递价值	
立即接触会员	· 提供简单的价值（一首歌曲、一件礼物、一个事实） · 通过游戏化策略鼓励会员做出理想行为 · 跟社群里的其他会员互动
请会员反馈意见	· 新会员入会后第一周内，通过电话、电子邮件或登门拜访的方式联系他们 · 乐于倾听他们的心声
向新会员反馈你的观点	· 让新会员了解一下他同其他会员相比较的情况，比如入会时间、与公司的接触程度以及会员社群的人口学特征 · 如果有可能，指出每一位新会员有哪些独特优势
步骤 3：奖励符合你期待的行为	
请新会员推荐其他新人	在新会员入会 30 天内，鼓励他们邀请其他朋友
在数据分析的基础上为会员创造定制化的体验	· 为新会员提供一些融入独特元素的体验，表明你对他们的认可 · 把精力放到持续改进上，而不是大修大改
制定会员关系长期维护方案	· 不断地为会员提供他们需要的信息，帮助他们获得最佳体验，加强与公司的联系 · 沟通方式要连贯一致

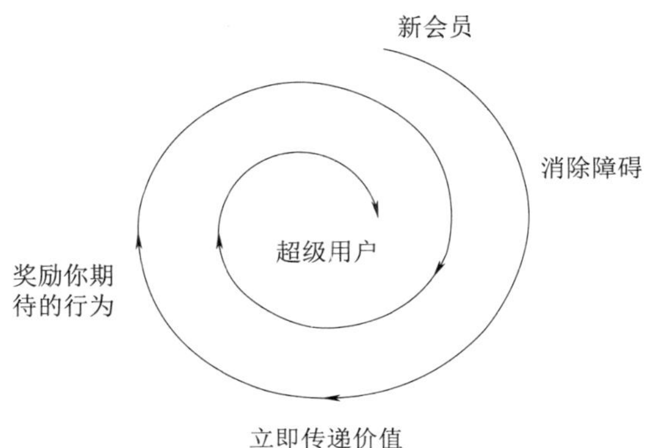

图 4　培养超级用户的三个步骤

在会员制度下，新会员入会过程的首要任务是消除任何可能存在的障碍，方便他们无障碍地享受公司提供的产品或服务。消除障碍是一种有价值的投资，理由很简单：你不希望因为会员注册和获取价值过程中的某一步过于艰难或耗时过长而失去一个潜在的会员。

新会员入会过程中的第二步是即时传递价值。网飞公司早期的营销总监卡米尔·沃森（Camille Watson）曾说过“新会员必须马上获得良好的体验，这非常重要”。她回忆道：“我们知道会员在第一次归还三张影碟时就能完全体验到网飞的实力，因为我们能迅速给他们提供新的影碟。所以，我们确保新会员加入时就允许他们提前挑选好 5 张影碟。”[1]

潘多拉网络电台用不同的方式为会员传递价值。会员只需要选择一首歌曲或一名歌手，就可以开始免费收听围绕这首歌曲或这名歌手建立起来的电台。之后，潘多拉会根据 400 多项音乐特征，对你喜欢的歌曲的音乐进行结构分析，然后为你播放具有类似音乐特征的其他歌曲。随着时间的推移，会员还可以添加其他歌曲和艺术家，或者动动手指收听潘多拉为你挑选好的歌曲。

新会员入会过程中的第三步是奖励符合你期待的行为。这样可以让会员养成一些好习惯，让他们更加充分地享受会员身份带来的价值。有大量的数据支持这样一种观点，即让一个人在某一段时间内（比如 30 天）以某种特定的方式做事情，那么这种行为方式日后成为其正常生活方式的可能性就会大幅增加。如果你想让试用的用户成为活跃的、忠诚的会员（也许最终会成为超级用户），你需要让他们养成习惯。

超级用户有哪些特征

会员模式重视一个特殊类型的用户，即超级用户。他们是那些特别忠诚和热心的会员，热衷于参与会员社群的活动，并善于利用会员社群的力量。超级用户是那些花费大量时间参与社群活动的会员。通过培养持续参与社群活动的习惯，会员就能成为超级用户。这个过程不是偶尔一次或数次使用公司的产品或服务，而是持续地、常规性地使用。

> **超级用户是那些花费大量时间参与社群活动的会员。**

如果会员制要求会员养成良好的习惯，那么什么样的习惯才能让一个会员成为超级用户呢？以下是超级用户的7种习惯。这些习惯是几乎每家公司都想要鼓励会员养成的行为方式，因为它们有助于公司实现快速发展。

- 频繁地、持续地签到，而不是一年一次，以获得强烈的参与感。
- 创建一些其他人可以获取的内容。
- 自愿充当会员社群的“警察”，确保社群的一些文化规范得到执行。
- 与公司建立双向联系，提供反馈和建议。
- 表现出帮助其他会员的真诚愿望。
- 愿意帮公司介绍新会员。
- 愿意协助新会员加入。

超级用户几乎不可能在多个网络和社群中都保持这种状态。他们无法长时间参与公司活动，比如每周投入20、30甚至40个小时。

那么，如何提高你的会员成为超级用户的可能性呢？

如何增加超级用户的数量

在研究超级用户时，我很幸运地联系上了Lithium公司的首席科学家迈克尔·吴（Michael Wu）博士，该公司“帮助客户在社交网络上回应会员的诉求，并在自家的会员网络上为会员提供可信赖的内容”。[2]

吴博士是在线社群和会员制方面的专家（他也创办了自己的在线会员社群）。他的职责是开发有关社交网络和社群的理论，利用数据证明这些理论，最后为自家公司设计出能善用这些理论的产品。Lithium 公司的一些客户是全球性的大公司，这些大公司正在建立自己的会员社群，吴博士指导这些客户建立会员社群，同时也从客户的做法中获得启发。吴博士提到的最有趣的事情之一是公司可以借助行为经济学的理论提高会员忠诚度。总体而言，这些理论解释了亘古不变的人类行为，比单纯的技术因素更令他感兴趣。他认为科技的作用就在于让这些可预测的行为模式得到更好的利用。

吴博士分享了自己的见解，如果会员养成了持续参与集体活动的习惯，会员就能成为超级用户。这个过程不是忽然一次或数次密集使用公司的产品或服务，而是持续地、常规性地使用。[3] 超级用户是让社交网络和会员社群取得成功的关键。公司可以设计好新会员的入会流程，借助游戏化策略和其他策略，鼓励会员养成超级用户的习惯。

所谓游戏化策略，是指将游戏的机制运用到非游戏场景中，进而改变人的固有行为模式。而当游戏化策略被运用到商业领域的时候，就是一个将游戏元素与网页、商业服务、在线社群以及促销活动相结合，从而让受众更主动参与其中的过程，通常会起到激励会员的作用。常见的例子包括让会员参与公司设计好的一套游戏，如果参与度达到某个标准，就能获得积分，提高会员等级并获得奖品。在会员产生内在动力之前，这种游戏化策略可以为会员提供外在激励，让客户愿意参与公司组织的活动。

在会员还没有体验到会员资格的真正价值时，游戏化策略就以人为设计的方式给会员提供价值。美国 Badgeville 公司就是这方面的一个典范。作为一家游戏化服务开发公司，它对公司的网站进行游戏化的改造，使用排行榜、经验值、徽章、等级等机制让公司的业务变得游戏化，从而让用户更愿意参与其中。

公司可以通过不同方式奖励会员。有时，一个会员因为帮助了其他会员而得到奖励，社群问答网站 Quora 就是这么做的。该网站的用户可以设计、回答、编辑和整理问题，通过参与来赚取积分。

有时，会员因为达成阶段性目标而受到奖励。比如。慧俪轻体将有助于减肥的各种食品赋予一定的点数，会员可以吃其中任何食品，但所吃食品的点数总和不能超过每天规定的点数。会员还可以通过参加网站举办的活动赚取额外点数，比如，做运动就能换取额外点数。会员如果顺利减肥，便对该公司更加忠诚，也会帮它建立好口碑。Quora 和慧俪轻体都使用科技去利用会员的可预测行为，这样不但有助于帮助会员获得成功感，最后也增加了超级用户的比例。虽然会员最初的动力源自个人目标，比如减肥，但随着时间的推移，这种个人动力或许会呈现出较强的利他主义色彩，也就是说，这些会员可能会更加乐于帮助他人做同样的事情。这是公司期待的行为方式。所以，想方设法激励会员早点培养这种行为方式是相当重要的。

为什么超级会员对公司十分重要

超级用户不一定是花钱最多的人，有些客户虽然在购买公司产品上花了很多钱，但是从未对公司、产品或其他会员产生情感。然而，超级用户确实可以催生很多方面的价值。比如，领英这个社交网站上有一些非常活跃的会员从来没有给网站支付过会费，不会在个人账户上创作任何内容，也不会邀请其他人注册领英的会员。那些希望通过这个网站招募人员或做销售的人，往往就属于这类会员。

在大多数组织里面，超级用户只占会员总数的一小部分。对网站而言，有一个普遍存在的规则，即 90% 的会员都潜水，9% 的会员偶尔出来给网站做点贡献，只有 1% 的会员经常做贡献。迈克尔·吴博士研究了 143 个网络社群，最后发现虽然各社群里面超级用户的比例略有不同，但这个规则是基本通用的。[4]

那么，为何超级用户这么重要？因为超级用户参与、吸引和主动招募新会员。虽然有些科学家试过开发各种方法，预测谁是超级用户，不过吴博士尚未在这方面发现任何可信赖的数据。但目前有一点是有可能的，即先看看哪些会员具有一些类似于超级用户的特征，将其作为潜在的超级用户去培养，鼓励和引导他们养成符合公司期待的行为方式。要寻找潜在的超级用户，一个方法就是追踪所有会员的活动，看看哪些用户更加频繁地登录网站、阅读内容、创作内容或邀请其他人注册会员。这些人有可能成为超级用户。如果公司拥有一小群非常关心公司且忠心耿耿的支持者，那么这家公司就有点像某些得到信徒衷心拥护的宗教组织。或许有人觉得我这样说有些夸张了，但用“宗教”一般的地位去形容超级用户比例很高的公司并不为过，毕竟，这可是大多数公司都想达成的境界，CrossFit 这家健身公司似乎已经做到这一点。

很多健身公司利用了会员经济原理，这是它们被称为“俱乐部”的原因之一，但 CrossFit 在这方面做得比同行好得多，培养了一群高度忠诚的会员。

每周二和周四中午，我妹妹、妹夫都会到距离上班地点 20 分钟车程的一间旧仓库参加高强度健身。在那里，他们和 CrossFit 公司帕洛阿尔托市分公司的其他 12 名会员一起集训，挥汗如雨。他们一起完成当日健身活动。每个 CrossFit 训练基地（box）都必须组织会员完成同样的当日健身活动。它的会员之所以用 box 称呼每个训练基地，是因为健身场所看起来比较粗糙，就像还未完工。CrossFit 为每项活动分配一个分数，并记录下会员的最高分数和每个训练基地的最佳会员。健身活动极具挑战性，却不会花太多时间，时间虽短，效果却不错，只要每周两次，每次 30 分钟即可，必要的话，会员也可以在家里完成。

会员加入之后只有一个健身计划，因此，融入该公司非常轻松。有经验的会员会欢迎和指导新会员。会员在固定的日期，花费固定时间跟固定小组一起练习，所以彼此相当熟悉。而且更重要的是，每个老会员必须留下来并支援其他新会员，直到所有会员完成当日健身活动。CrossFit 鼓励会员努力健身，不断进步，也鼓励会员之间建立真诚的友谊。

CrossFit 每年都会举办一些集体活动，让会员参与，比如节日派对、只有女性会员参与的活动、慈善募捐活动等等，其中包括举办年度公开赛和在旧金山的美国银行大楼举办爬楼比赛。在年度公开赛中，CrossFit 在世界各地的每个训练基地进行 5 个同样的健身活动，然后比较各组成绩。CrossFit 有个人纪录板，记录个人最佳成绩。CrossFit 让会员彼此认识的好处之一是在有人缺席时，大家就会表达关心，也提醒彼此不能偷懒。不管是从公司角度还是从健身成效角度来说，会员彼此认识都是有帮助的。会员经常形成一个小组，共用一个单杠，便于互相鼓励和学习。CrossFit 的品牌经理吉米·莱奇福德（Jimi Letchford）告诉我："我们对价值的看法与其他健身房不同。我们并不是给你提供健身房和游泳池，收你 19.99 美元会费之后就放任不管了。我们重视教练和社区，会员能够全天候地接触教练。人们会意识到他们得到的东西的价值，这就是他们如此忠诚的原因。"[5]

如果人们把你的公司称为"宗教般的组织"，那是指你的会员的参与度和忠诚度非常高。我发现一个有趣的现象，人们喜欢用比较极端的语言来描述那些拥有超级用户的组织。例如，许多人把 CrossFit 健身房称为"神圣教堂"，将其教练称为"传教士"，以此代指他们为了争取新会员而付出的神圣努力。

CrossFit 遵循下列三个法则，以提高会员忠诚度：第一，让会员容易融入集体；第二，为会员提供个性化服务；第三，提高会员的参与度。我们将在第十章详细探讨这三个法则。为了培养超级用户，就要达成这三项目标，作为入会过程和持续体验的一部分。

在入会过程中培养超级用户

游戏化策略能够发挥上述三个法则在培养超级用户方面的作用。致力于解决儿童肥胖问题的应用 Kurbo 就是一个例子。Kurbo 是首个将移动技术的灵活性与私人教练定制相结合的青少年减肥综合应用程序。它会追踪孩子的饮食习惯，并基于食物疗法来为孩子制订减肥方案，例如不同的食物会按照等级标注出不同颜色。当新会员通过玩游戏来学习吃什么食物时，他们就获得了相应的分数和等级。在成为会员的最初几周，这个安排尤其重要，有利于给孩子提供更多的外部激励，培养良好的习惯，鼓励他们坚持下去，直到减肥效果开始显现。[6] Kurbo 的方法很简单，很个性化，容易提高会员的参与度。

一个强大的会员忠诚度提升计划也是落实上述三个法则的体现。凯撒娱乐为了提高会员忠诚度，实施了“全面奖励计划”，投入了大量资金，第十三章将详细讲述这个计划。凯撒娱乐自客户注册成为会员的那一刻起，就注重为会员提供差异化的体验，让他们从会员身份中获得实实在在的好处。（让会员获得差异化体验，有助于他们更加轻松地融入会员群体。）凯撒娱乐授权其一线员工使用会员数据，为每一位参加全面奖励计划的会员提供个性化服务。

超级会员带来的风险

如同任何一个美好事物都有另一面一样，超级会员也有负面作用。大多数情况下，最活跃的用户想要强化会员群体，但有时会出现一些“邪恶”的超级用户。这些人深度参与会员社群的活动，从某种意义上来讲，他们的做法可能给其他会员带来伤害。在采取游戏化策略的会员制公司中，有些人被称为“破坏分子”，他们以骚扰或激怒其他会员为乐。

有时候，即使是善意的超级用户，也会提出一些过分的要求，从而分散团队的注意力。道恩·斯威尼（Dawn Sweeney）是全美餐馆协会的首席执行官。这是美国最大、最有影响力的商业贸易协会之一。他向我指出，许多专业协会最终沦为一种失衡的组织，只能履行一小部分使命，因为他们中的一小部分过于活跃的超级用户热衷于提出一些特殊要求，而这些要求只能满足小众利益。这些会员可能认为他们是在表达整体会员的愿望，没有意识到自己的偏见。[7]

像网飞和游戏租赁公司 Gamefly 这样的会员制公司需要格外留意那些经常写负面评论的活跃用户。它们可以通过事先给会员设定行为准则，并对会员提出期望，对那些不把公司利益放在心上的会员迅速采取行动。批判性的内容可能激怒出版商和制片方，这两方面都是重要的合作伙伴。此外，负面评论会改变消费者的行为，导致内容使用量出现大跌。许多公司完全是因为害怕用户发表偏见而禁止会员发表评论，并避免会员参与社群活动。

Mixx 是一个数字新闻网站，它是会员经济方面最有趣的案例之一，生动地诠释了一小部分超级用户变得太强大时可能会出问题。最终，它由于在发展过程中不能迅速做出调整，无法适应不同用户群体的需求而归于失败。

Mixx 的初衷是所有会员都有一个主页，可以发布自己感兴趣的新闻。所以，有的会员会发布关于红袜队赛事的新闻，有的会发布关于华盛顿特区政治动态的新闻，有的会发布关于阿尔兹海默病研究的新闻。会员可以搜索、分享和评论新闻。

Mixx 的产品团队努力应对超级用户对新功能的强烈需求，但这些复杂的新功能与大多数会员无关，实际上反而导致了会员的流失。

创始人克里斯·迈克吉尔（Chris McGill）说，他只是创建了一个框架和基础设施，内容交给会员们来填写。Mixx 信奉一个激进的会员制理念，即会员制公司中的所有价值和内容都要来自会员自己，会员通过他们创建的内容创造价值。[8]

回首往事，克里斯·迈克吉尔说，如果时光能倒流，之前有些事 Mixx 就不会那么做了。比如，早期的一些会员请求在 Mixx 的主页上增加一些最热门的新闻，最终，这个主页成了垃圾信息制造者和政治疯子瞄准的目标，导致主页不仅失去了作用，还变得很危险。Mixx 不应该如此频繁地顺应超级用户对于新功能的请求。Mixx 还创建了 Turbo 系列工具，这些工具对经验丰富、忠诚的会员来说非常棒，但是对新会员来说太复杂了。

对最初的 100 万用户来说，Mixx 运行得非常好。但随着用户数量越来越大，整个网站发生了变化。看到这个网站越来越受欢迎，一些别有用心的用户便蜂拥而至（想一想印度的网络工作者，他们每天都会为了获得两美元的报酬在网上发布一些垃圾内容）。带有政治企图的疯子们也开始行动了，垃圾邮件发送人和极端分子都伤害了这款产品。

迈克吉尔之前在《今日美国》（*USA TODAY*）担任战略副总裁，他要做的就是给消费者提供一个发声平台，让消费者不必通过记者就能发表自己的看法。他认为这是一项崇高的使命，不仅对公司如此，对整个美国也是如此。然而，迈克吉尔亲身体会到，管理一个真正的民主体系有多难。一粒老鼠屎就能坏了一锅粥。

对于社交媒体上刊登的新闻，在置顶之前必须有足够多的关注者，关注者的数量呈现出增多趋势，经过一段时间的酝酿之后，这个新闻才有可能置顶。比如掘客网就是这么做的，掘客把这个新闻筛选的权利交给了网民，由网民来投票决定网站首页应该显示哪些新闻，掘客相信大众的眼光，这样，筛选出的新闻往往是最有价值的和最受网民关注的。

但 Mixx 的做法却不一样，它赋予超级用户额外的权力，如果两个超级用户标注一个新闻为突发，那么这个新闻的排名立刻会上升。最终，超级用户变得太强大，以致网站的特色功能越来越多，越来越复杂。迈克吉尔回忆起在 Mixx 的时光，反而对自己在会员制方面的激进试验非常得意，他说："我爱那些家伙，我们为超级用户做的事令人难以置信，尽管这会让其他人感到困惑。"

迈克吉尔是一位真正的先驱。他认为，"Mixx 不仅仅是一种更好的商业模式，对国家也很重要。我们没有发言权，被金钱和政治压得喘不过气来，我们需要这样一个论坛，发出我们自己的声音”。

专注于培养超级用户可以催生一家更强大的公司。超级用户是许多会员制公司赖以发展的重要动力。他们有助于引发网络效应，热衷于创建内容，并与同伴相互支持和分享内容。此外，通过精心培养超级用户，一家公司可以使自己对所有用户更有价值。然而，管理超级用户是一项挑战，可能会带来巨大的风险。

小结

入会过程对会员经济的成功至关重要。这项任务必须尽可能无摩擦，并立即让会员投入公司的活动。公司与会员之间要不断反馈各自的诉求，请求会员推荐新会员，并利用数据分析技术为会员提供个性化服务。毕竟，我们的目标是创建一群对公司有着近乎狂热依恋的超级用户。当然，公司可以收取足够的费用，以便在整个过程中有利可图，但费用不能太高，以免损害会员利益。

第七章
从定价着手，但留下灵活空间

要制定一个正确的价格很难，但对于几乎每家公司的成功和长久发展而言，定价都至关重要。在会员经济中，定价尤其棘手，因为公司需要对持续体验和感知价值进行定价，而不是对某些小部件进行定价。

定价至关重要，因为货币是经济的驱动力。即便是非营利组织，也需要管理货币这种稀缺且有限的资源。从古至今，供应商在确定产品或服务的价格时主要参考两个因素：经济成本和感知价值。

如果我卖给你一只鸡，我可以根据养鸡、杀鸡和配送的成本定价，或者根据你可能支付的价格定价。如果你真的很喜欢吃鸡肉，而我是城里唯一的卖家，那么你可能要付比我的成本高得多的钱。

定价对会员经济很重要的原因

定价对会员经济很重要，因为如果价格合适，公司与会员的关系就会稳定持久，由此带来的一个关键好处就是公司营业收入的波动性降低，可预测性提高。面向会员定价并不像对一个成本

5 美元的产品收取 10 美元那么简单。事实上，拥抱会员经济模式的公司采纳了许多定价理念，比如：

- 产品或服务给客户创造的价值必须是明确的，而且对不同的客户呈现不同的价值。
- 组织不断改进产品或服务，以便跟上时代步伐。
- 定价必须透明。

会员制模式能带来经常性收入，对公司非常有吸引力。但是，如果你没有提供持续的好处来证明客户持续支付会费的合理性，那么你的业务模式很可能会失败。

7 个潜在的收入来源

大多数会员制公司在探索收入来源时，出发点和归宿往往是会员制模式。但客观而言，要构建一个包含多个定价层级的会员制，公司需要具有创造力、自律性和严谨的分析。订阅模式只是向会员收取增值费用的一种模式而已，除此之外，还有其他 6 种可以作为补充。我们先从订阅模式讲起。

订阅模式

由于会员制几乎可以定义为在会员资格存续期间为会员持续提供价值，绝大多数会员制公司都为会员提供了订阅支付模式。

要向消费层级较低的人宣传消费升级的好处。

有些公司为会员提供订阅的产品和价格只有一种，没有体现出差异性，而分级定价能为公司提供更大的灵活性和选择空间。定价机制方面的研究表明，大多数人喜欢面前摆着多个选项。三个选项正好，因为大多数人喜欢中间的那个选项。因此，大多数公司的目标都是为会员提供三个选项。

如果消费层级的划分是以目标买家（例如学生、个人、公司）的人口学数据为依据的，那么促使会员消费升级就不大可能频繁发生。但在其他情况下，如果消费层级的划分是以使用模式和使用偏好为基础的，那就容易看清楚什么因素促使了会员群体实现消费升级。很重要的一点是，要向消费层级较低的人宣传消费升级的好处，这样他们就有充分的理由转变消费观念。

通常，订阅具有较低的可变成本，因为它们为会员提供了共享资源（如内容或耐用品）的使用权。在这些情况下，定价是基于提供给客户的价值以及替代产品的成本。

然而，对于一些订阅产品或服务，很难预测交付成本。你不知道实际会有多少人使用该服务，而且使用情况会随着时间的推移而变化。不过，大数据让公司更有能力预测实际成本。采用订阅模式的公司可以借助复杂的算法，确定为其会员服务的平均成本，这可以为定价提供参考。

对订阅模式而言，最好的办法是基于公司提供给会员的价值来定价。当你按价值定价时，你关注的是会员想要什么，这对公司和会员来说都是最好的结果。当会员的感知和实际需求随着时间的推移而改变时，挑战就来了。公司要不断地调整价格，让价格与价值保持一致，体现出价格的公道。这应该成为所有会员制公司的核心能力。持续改进定价很重要，与市场接轨也很关键。这样一来，定价就变得复杂起来了。

大多数基于订阅模式的公司都在努力解决支付频率的问题。会员多久支付一次呢？每周？每月？每年？要确定这一点，唯一的方法就是做测试。你无法凭空发现最有效的频率。对许多公司而言，会员按年交费当然是最理想的，因为会员不大可能在一年内退出，可以锁定较长的会员期限，但这些一次性付款金额往往比较大，从而会改变会员的决定，他们可能被迫深思熟虑一下，可能会发现之前注册会员是考虑不周的冲动的结果。换言之，一旦会员开始重新考虑订阅行为的合理性，他们可能也会重新考虑订阅的价值，取消订阅的可能性就会上升。

退一步讲，如果采用按月付费模式，也利弊兼有。在这种模式下，许多人在最初做出购买决定后并不会分析他们的行为是否合理，因为每月的会员费似乎也不贵。但这样一来，公司就承担了一种风险，即它们要假设会员会持续认识到自己的投资价值，不会注销会员资格，而事实上大多数会员都是健忘的。

客户往往对价值的变化反应迟缓，比如，当一家新公司进入市场，以低得多的价格提供替代品时，客户反应就很迟缓。公司与客户之间存在一种默契，即公司将持续改进为他们提供的产品，以保持当前价值和价格相一致。不然，一旦发生一个外部事件，比如客户的信用卡到期、出现了关于替代品的新闻或者政策发生变化，那么客户就会被迫采取一些行动，这时，他们可能忽然发现自己支付的会费和得到的价值之间存在偏差。他们会觉得自己遭到了欺骗，从而注销会员资格，不再订阅，有时候还会公开抱怨公司。虽然客户在会员资格存续期间往往非常忠诚，但他们通常也容易变成怒不可遏的前客户。

让客户照单点菜的服务

照单点菜的服务指会员无须持续购买的特殊服务。比如，客户忽然需要检索一下你的内容，只需要一次就够了，不需要持续购买。再比如，客户忽然想到你的健身房里做一次运动，看看自己的健康状况如何。

很多公司犯的一个错误就是把这种一次性的服务当成了持续性的服务，实行了更高层级的、持续性的价格体系。这样一来，客户被迫支付一个月或一年的费用才能让一次性的、临时性的需求得到满足。

在定价体系中耍这种把戏似乎没什么害处，但它掩盖了真正的消费者行为，使人们难以理解关键细分市场的真正需求，同时诱导消费者寻找漏洞，而不是相信定价是公道的。

开发一些周边产品

并不是所有的会员都需要周边产品，但是使用订阅服务的人经常会购买这些产品来提高服务质量。例如，Skype 卖耳机，苹果卖 iPhotobooks，健身房卖短裤，博物馆里的商店卖纪念品。

把合作伙伴关系转变为收入源泉

如果你的会员需要或可能想要某一个产品或服务，而这不属于你的业务范围，但可以由另一家公司提供，那么，在这种情况下，与那家有能力的公司建立伙伴关系可能是一个不错的选择。

合作伙伴之间相互介绍业务或交叉营销，可以分享收入或佣金，是一种利益交换。如果单纯利用周边产品和照单点菜式服务，公司就必须亲自开发会员，并亲自向他们推销，而如果建立了合作伙伴关系，公司承担的风险就小很多，因为公司不需要亲自去开发产品，也不需要亲自去推销。比如，很多酒店跟租车公司合作，在酒店内部设立租车柜台。再比如，很多乡村俱乐部跟洗衣房合作，在会员使用娱乐设施时，帮他们提供衣物的取送和干洗服务。

大数据聚合分析

公司经常忽视大数据聚合分析。大数据是网络效应和持续关系的结果。这些数据形式多样，包括工资数据、人口统计学数据或行为模式信息。利用大数据追踪客户的行为呈现出了不可思议的发展势头，对会员制公司而言，大数据聚合分析的一大好处就是可以在长时间内观察会员的行为。

长期汇总起来的纵向数据不仅对公司有各种各样的价值，对会员个人或其他类型的组织也有价值。比如，领英能够搜集特定公司员工的数据，然后提供非常有用的公司简介，分享受欢迎的新员工头衔。这是无价的竞争情报。订阅收费软件的供应商可以通过比较不同公司在会员入会、定价策略或消费习惯转换策略等方面的做法，为公司提供最佳的实践策略，这些策略可以跨越音乐、零售或软件等关键领域。

这些汇总的数据对公司内部肯定是有价值的，但它们通常也可以为现有客户提供额外价值，甚至可以培育出全新的客户群体，成为公司的一个新收入来源。

广告收入

你可以让其他公司接触你的会员，这样有机会为你创造收入，但要与你的业务相适应，并且能为你的会员创造价值。有些公司对此避而不谈，并对会员承诺永远不会转卖会员的信息或给会员看其他公司的广告。其他公司向你的会员发送广告是有价值的，尤其是当这些广告非常符合你的会员的需求时，价值会更大，这是很关键的。

设想一下，你正在墨西哥一家乡村俱乐部度假，太平洋就在你的面前，俱乐部的大厅里都是高空滑索、骑马和其他户外活动的广告，这些服务的提供者都不是俱乐部。俱乐部的经理认为会员需要这些广告和传单，这样他们在造访这个偏远景点时，就能享受到很好的服务。这对会员有好处。会员要靠俱乐部筛选出那些能够提供优质服务的公司，但我也认为其实会员都明白这些服务的供应商在俱乐部的地盘上打广告，肯定会给俱乐部支付一定的广告费。

如果你走进风险投资公司的办公室，提出打造一家以广告模式为主的会员制公司，那我可以打包票，你的提案根本不可能通过。总体来看，以广告作为商业模式已经不受欢迎，不过，这是受技术迅速变化的影响，并不是因为广告失灵了。毕竟，广告是为了促使消费者发现、关注及试用产品。但现在已经出现了更有效的新方法让产品或服务受到关注，而且效果比广告好。

免费策略

免费为会员提供服务本身不是一种创收模式，也根本无法节流，但能开源，能帮助公司实现可预期的收入。我们会在下一章详述这一点。

提价或降价的最佳时机

改变定价的难度很大。我从提价开始说起，因为那通常是公司希望达到的目标。或许因为竞争对手收取了更高的价格，你觉得自己应该跟进，那是最容易提高价格的时机。或许因为创造价值的成本持续攀升，你想提高价格，比如网飞公司为回应制片公司不断上调的价格，在 2011 年决定提高服务价格。

会员制通常有一个隐含的假设，即会费长期不变。改变价格的时候，就会引发会员流失的风险，因为当价格改变的时候，会员可能会重新考虑是否继续保留会员资格。为了避免涨价对你造成不利反弹，你可以采取下面这两个措施。其一，可以对现有会员保持原价，但对新会员提价，这样可以避免现有会员取消会员资格，而且如果现有会员取消会员资格之后再重新加入，就无法享受之前那个较低的优惠价格，从而增强会员和公司之间的黏性。其二，你可以想办法多为会员提供一些好处，进而在现有价格层级上增加一些新层级，会员如果希望享受更多的好处，就要支付更高的价格。

如果你必须提高现有会员资格的价格，就要做好准备，很可能会出现一股会员流失潮，还会遭受负面评价。把这种冲击最小化的做法就是让涨价一事公开透明。你也可以增加或撤掉让会员照单点菜式的服务，因为人们通常对单次交易费用的价格变动不那么敏感。

降价似乎比较容易，毕竟人们都喜欢折扣，但是在降价时需要把一些挑战牢记在心。首先，一旦降价就很难再调回原先的价位，所以务必确定降价是正确选择。其次，降价可能象征着会员身份的价值或名誉有所降低。最后，不能一边给新会员降价，一边对忠诚的老会员维持较高价格，这样做既有难度，又不道德。

不过，如果你的成本大幅下降，或者你正面临竞争压力，就可能需要降价。你必须确定降价对你有利。就算你有几百万名会员，也要记住这一点，因为会员跟你建立了持久的关系，期望你对他们清楚说明价格变动的原因，这也是他们应有的一种权利。

免费增值和免费赠送的区别

如果会员制公司想为会员提供免费服务，那就必须确保这样做有利于创造营业收入。当这种免费策略运用得当时，确实能创造营业收入。如果不能，每提供一个单位的产品或服务，利润都是零，那你就没办法增加免费商品或服务的数量。

我合作的几乎每家公司都会为客户提供多重选择，并为不同的会员区隔提供不同级别的会员资格和相应的好处。这种做法使它们有利可图。许多公司都会犯一个错误，即在考虑目标之前先安排好选项。其实，在定义选项之前，考虑清楚业务和客户类型才是关键，要弄明白客户的需求是什么。

调查猴子公司是一家领先的网络调查公司，它的绝大多数客户都选择了免费服务。然而，该公司提供了三个其他选项，包括精选会员、黄金会员和白金会员，每种选项都是为了满足一些关键类别的会员群体。对这些关键会员来说，该公司收费服务的潜在价值就比较高。这些关键会员群体包括对调查依赖度很高的人、需要将数据导出至分析工具的资深研究人员，以及那些想拿该公司的调查数据去满足客户需求的公司。这些客户愿意为某些功能和好处多花一点钱。

一般说来，会员等级越高，可以获得的好处越多。其中有些好处需要公司支付一定的可变成本，比如客服成本。其他一些好处则不需要公司支付可变成本，只是因为客户认为这些好处很有价值，所以公司可以对此收取较高的费用。在为会员设计定价层级时，你应该考虑从几个不同的指标着手。表 5 对此进行了汇总。

表 5　分级定价的指标

指标	应对策略
数量	更多用户 更多存储空间 更多时间 更多互动
时长	延长会员购买商品或服务的时间
功能	给会员提供额外的产品 给会员提供额外的工具
服务	良好的客服 提供定制化服务 高效回应会员诉求

第一，数量。很多客户为了使用更多的产品或服务而愿意付更多的钱，也就是说，他们想要的商品或服务的数量更大。这种会员和其他会员的区别很明显，很容易向其传递价值。这种客户也容易从免费试用阶段发展到付费使用阶段。做法是，让潜在重度用户试用免费服务。对这类用户而言，可以从数量这个指标着手，采取以下两个措施。

- 增加内容的数量。比如，对报纸而言，如果想增加销量，可以为这类客户提供一些免费获取的内容，而如果他们需要价值更高的内容，就需要付费。

- 用户或账户的数量。以推特网为例，很多简单的功能，用户可以免费试用，但对于较为高级的功能，用户就只能付费了。

第二，时长。潘多拉限制免费会员每月只能使用特定的时长，但愿意付费（或者愿意忍受广告）的客户就能获得更多使用时长。

第三，功能。对于调查猴子、Zynga（网络游戏开发商）和领英之类的公司而言，在用户付费升级后，就能使用更多功能。举例来说，调查猴子公司的付费客户能使用较为复杂的分析工具。领英则一直特别积极地强调付费会员可以看到谁浏览过自己的档案，在搜索过程中可以增加更多关键词，或者联系到个人社交圈以外的用户。当会员试图点击这些高级功能的按钮时，领英立刻弹出一个付费界面，提醒用户只有付费升级后才能使用这个功能。

第四，服务。公司可以为客户提供一些额外的服务，比如付费后可以享受咨询服务，可以获取一些额外的资源，等等。公司可以提供消除干扰的服务，比如在播放一个视频之前，帮助付费会员去除广告。这些措施都能让客户的整体体验更为顺畅和愉悦。在提供增值服务时，许多会员制公司面临的一个挑战就是成本问题，因为这些高级付费会给公司带来一定的可变成本。公司可以对这些高级服务制定收费标准，让会员自己选择是否付费。公司需要决定是要自行承担这些成本，还是要让用户承担（这样会导致用户体验变差）。

常见的错误定价方式

在我的职业生涯中，我曾目睹过多家公司在定价问题上犯错。下面是一些常见的错误。

提供折扣

定价的关键问题是，搞清楚客户一开始愿意花多少钱，以及他们愿意继续付多少钱来获得服务。定价折扣必须巧妙设计，能对长期的价值产生影响，也就是让客户在适当条件下试用产品够久，这样他们就会了解产品的价值。长期来说，打折是有效的。比如，参加减肥方案的客户发现自己体重降下来了，就愿意花大钱继续减肥，而一旦减肥目标达成后，他们可能需要更大的折扣，才愿意参与维持体重的方案。

迫使会员订购超出自身需求的产品

哈佛大学商学院教授克莱顿·克里斯坦森（Clayton Christensen）警告说，市场出现破坏式创新，就会对组织造成风险。有人能以你 3% 的价格，提供你 10% 的好处，这就是物超所值的例子。举例来说，Skype 的模式起初独树一帜，当时并没有其他公司提供在线视频通话服务，但是经过一段时间后，谷歌、苹果等公司开始提供免费的在线聊天服务。Skype 还是有一些功能比这些新公司要强，但因为对手提供免费服务的选项，导致 Skype 流失了许多用户。数码存储行业也发生了同样的情况，随着苹果、微软、易趣和谷歌赠送用户存储空间，通过亏本的方式抢夺客户，让 Dropbox 和 Box 这些云存储公司承受了更大的压力。这种颠覆性做法尤其会导致那些强迫客户订购超出自身需求的公司受到伤害。

依据某位狂热分子的错误进行定价

Napster 是一家狂热的在线音乐服务商，为人们提供了一个在线分享音乐的平台。但唯一的问题是，这种做法是违法的。最后，Napster 被迫停止了这类分享服务。不过到那个时候，该公司在音乐爱好者眼中已经跟免费下载数字音乐画上了等号。结果，音乐产业花了好多年时间才恢复元气（其实，目前还在拼命恢复中），而像苹果和 Spotify 这样的公司则利用数字音乐的商业模式建立了吸引力。

定价过低或一开始就免费

如果你一开始就定价过低，那么人们就习惯了低价交易，以后提高价格时，你就必须为客户提供更加可观的价值，为客户支付更高的会费提供一个合理的理由。一旦你教导客户他们应该得到一个好价钱，就很难再让他们忘却此事，尤其在利用会员制模式时更是如此。

起初定价过高

虽然降价比涨价要容易，但是如果起初定价过高，一旦未来降价，就很难改变人们对品牌的认知，很难赢回客户。比如，上门问诊是一个很好的构想，但是起初的定价高出大多数消费者的承受能力。“医疗问答”（HealthTap）与普通的问答网站不同，因为它的答案都来自真正的医生，基础问题都可以得到免费回答，客户每年只要付 99 美元，就能找到医生全年无休、全天 24 小时地回答问题。虽然你并非获得医生上门服务那种真正的诊疗，但许多人愿意支付这种费用，因为保险公司会赔付这笔费用，而且不必支付私人医生那样过高的费用。

提供太多选择和折扣

有充分的证据显示，为客户提供三种选择方案的效果最好。方案太多会让人们应付不过来，太少则可能让人找不到合适选择。但有时候，一旦你开始将客户划分为多个区隔，就会出现太多使用状况。光是利用数量、服务和功能制定选择方案，就已经有无数种排列组合，让公司心动地想要提供几百种选择方案。以移动通信业为例，我们就能大概了解选择过多可能发生的情况。T-Mobile 公司恰恰相反，通过简化服务方案提高了市场占有率，并获得了消费者的信赖。

小结

会员经济可能让定价相当棘手，但它提供了一些增加营业收入的模式，比如订阅模式、让客户照单点菜的服务、开发一些周边产品、把合作伙伴关系转变为收入源泉、大数据聚合分析以及广告收入。虽然涨价通常会让公司遭受创伤，但我们也发现有办法减轻涨价引发的负面效应。公司在定价时必须避开一些常见的错误，比如定价过高或过低、在不适当的时机提供折扣等。公司还会面临另一项挑战，即什么时候可以免费提供什么产品或服务，以及要免费多久。

第八章
把“免费”当成策略，而非战略

不久前，一位朋友送给我一件非常昂贵的定制外套，这件橄榄绿和紫色相间的外套不合她身，我穿上去也让我的皮肤看起来略显灰暗，宽松的风格让我看起来像一个盒子。但它是免费的！尽管我从一开始就知道自己不会穿，但是无法拒绝。这就是免费的力量。

公司也知道免费的力量：向客户免费赠送剃须刀，是为了推销刀片；在展会或集市上让客户免费试用软件和赠送低成本的小玩意儿，是为了引诱你走向摊位。会员制公司对于免费赠品特别在行，许多最出色的会员制公司都提供免费赠品，让潜在客户了解和试用产品，同时也创造了一个社群。免费会员资格打造了更有凝聚力的网络，结果就能吸引更多用户，开启良性循环。

在许多会员制公司中，固定成本很高，但可变成本很低，通常几乎为零。这为实施免费策略提供了各种各样的可能性。免费试用的做法由来已久，但在会员经济中很有吸引力，因为它不仅能在有限的时间内让客户获得一种体验，还能提供免费增值模式。免费增值的效果也一样，可以提供免费选项，基本上就是持续免费为客户提供价值。

免费内容，或称“内容营销”，是指提供一些免费信息，以吸引潜在会员的关注和扩大知名度。它就像广告，只不过公司实际上提供的是有价值的内容研究、新闻、创意，而不是购买广告和促销。其他的免费服务包括购物赠送礼品、参加推销赠送午餐、进店送礼物、向忠诚会员免费赠送拿铁咖啡等。

“免费”不是一种商业模式，只是协助产生营业收入和实现获利的一种营销策略。许多公司，尤其是数字技术公司，通过免费赠送或大打折扣来开展业务，以此引发消费者的兴趣，提升会员数量。不幸的是，只有少数公司能够充分利用免费的策略，如免费样品、免费增值模式或免费内容，来增加营业收入。我们在第七章谈到了免费策略，但没有详细讨论。本章就来详细说明一些公司是如何利用免费策略实现成功运作的。

何时提供免费试用

你应该在什么时候提供免费样品或免费试用？应该赠送多少？当公司需要让潜在客户了解产品的价值时，提供样品就是一个好办法。好市多（Costco）会给你样品，这样你就能品尝到美味的产品。网飞公司和 Spotify 等会员制公司为用户提供免费试用，这样他们就能看到该系统很好用，而且有很多优质内容可选。

很多公司犯的一个错误是提供免费试用，却不能提供完整的体验。有时它们觉得必须限制免费试用的好处，因为完整体验的成本有些高，但它们这样做，可能会让潜在客户对体验产生错误想法。经历过次优试验的潜在客户会对免费试用的结果产生不准确的、负面的印象，从而认为成为会员后的体验也不过如此。

有些公司告诉我，它们不愿意提供免费试用，因为担心在试用期间，潜在客户就已经取得成为会员的所有好处，需求获得满足。举例来说，如果某协会主管想进行一次关于会员偏好的深入调查，而调查猴子公司恰巧提供免费试用服务，那么这位主管就可以参加这次试用活动，进行这项调查，然后又改回免费用户，等于一分钱也不必花。不过，在这种情况下，潜在客户可能根本不需要长期的会员资格。公司的应对方式就是，当客户需要短期使用你的服务时，你就设计一个短期会员收费方案。

免费增值模式何时行得通

“免费增值”这个词已经很常见了，以至在《纽约时报》上频繁出现。它是一种会员级别，可以在不收费的情况下持续提供价值。新技术的发展使得会员制公司提供某些服务的成本几乎为零。事实上，任何公司都应该定期提供免费服务。

免费增值模式至少有三大好处：

第一，可以在客户群体中树立品牌意识，并强化免费用户向付费用户转变的渠道。

第二，可以建立一个庞大的会员群体，让会员之间建立联系，为关键的付费会员群体提供价值和特权。

第三，漫长的试用期有助于吸引新会员。

如同其他策略一样，免费增值模式也有风险，比如，蚕食付费会员，诱导客户期望得到免费服务，或者公司提供了一个不合格的、脆弱的、无效的、令人恼火的解决方案。

免费增值模式是一个很好的工具，但重要的是要记住免费增值模式是达到目标的一种手段，而这个目标则是增加营业收入。没有病毒式营销的公司仍然可以从免费增值模式中获益，因为免费增值模式是一种推动试用的手段。那些感到满意的客户，最终会升级为高级客户，即付费客户，这样就可以证明免费增值模式是合理的。

然而，同时提供免费和付费的服务是很棘手的。如果你在免费服务中提供了太多的价值，会员就没有动力去升级。反之，如果你没有提供足够的价值，你就不会吸引任何人。更糟糕的是，一个糟糕的免费增值模式可能会激怒用户，他们会觉得自己被迫升级以获得最低的价值。许多公司都失败了，因为它们没有在免费和付费之间找到恰当的平衡点。

请记住，免费不是一个孤立的策略。免费试用和免费增值是营销策略，它们只有与其他重要元素结合在一起，才能发挥作用。公司必须制订一个计划，让免费试用环节创造一定的收入。表 6 形象地概述了免费试用模式和免费增值模式的区别。

能够在你的商业策略中融入“免费”这个特色，就像一个餐馆厨师能够使用一堆野生松露一样。“免费”就像一个独门利器，可以创造真正特殊的优势，但别过度使用，以免最后做出了美味的菜肴，却没有什么利润可言。你真正想要的是，善用免费策略，使其成为公司其他盈利业务的增长引擎。

表6 免费试用和免费增值的区别

	免费试用	**免费增值**
适用对象是谁	在加入会员之前需要体验一下产品者	轻度用户
内容是什么	短期免费体验会员才能享受的全部好处	免费获取有限的好处
适用时机	需要让潜在客户体验一下入会的好处时，或者实际试用比口说更有效时	当用户的参与对公司和其他用户有利时
适用条件	客户从了解到购买之间的跨度比较大，潜在客户需要体验一下好处	当你努力创造一种网络效应、病毒式营销或希望免费会员升级为付费会员时
为什么要谨慎使用	如果给潜在客户的好处忽然中断，他们可能会放弃所有价值。此外，如果为潜在客户提供所有价值，那么成本太高，对公司并不划算	免费提供的价值如果太小，那就没有吸引力。如果太大，则成本太高。有时，免费增值会产生可变成本，必须考虑这种做法的投资回报率
如何决定是否适用于自己	如果要求用户必须付款才能继续使用产品或服务，用户会流失吗？是否有潜在客户表示价格太高，而他们却不清楚产品价值？产品真的能吸引客户吗？	要提供吸引一大群人的好处，需要花大价钱（或不必花钱）吗？我需要一大群会员才能为我的付费会员创造价值吗？我的用户跟其他人共用这个产品吗？

“免费”何时不适用

对形形色色的公司而言，向用户提供免费增值服务是一种有效的策略。免费增值可以带来会员升级，打造知名度，甚至产生一种网络效应，为每个新会员增加价值，但有时免费增值模式没有任何意义。

我曾与一些公司合作过，它们希望将免费增值业务纳入它们的商业模式。通常，它们的管理团队非常熟悉关于公司为何应该为客户免费提供一些价值以保持竞争力的理论。在某些情况下，这些公司已经成功地提供了多个价格层级的服务，并在考虑是否可以通过免费模式来增加营业收入。在为会员或潜在客户提供额外（甚至免费）的价值时，广泛考虑一些选项总是值得的。

但是，免费提供服务（即便是精简版的服务）有时候也未必行得通。举例来说，在用户之间没有实质互动的情况下，病毒式营销和网络效应就不会发生。所以，只能利用免费增值作为吸引试用者的一种手段，然后向试用者额外推销付费服务。但是在许多情况下，付费并不是获得会员的阻碍，因为潜在客户关心的是会员服务的效用。

有时候，如果一些服务的意义非常重大，那么免费可能会让人产生错觉，以为服务没什么价值可言。比如，如果我为你免费做脊柱手术，你愿意接受手术吗？你很可能担心外科医师的医术好不好，担心手术成功率有多少，或担心复原情况，而不是听到免费动手术就认为划得来。

讲到免费试用和免费增值服务，公司要问的另一个关键问题就是：让服务体验的某部分免费，是否能消除足够的障碍，吸引新用户参与？在许多情况下，最大的障碍是如何改变用户的习惯，获取用户的信息，搞懂解决方案如何才能发挥作用。

免费增值要求当下就有足够的价值，引起人们的兴趣，同时也能为其他业务创造价值。免费增值需要某种程度的价格弹性，如果价格下跌，消费量会增加，也需要各种升级选项。如果你的服务不是奢侈品，而是必需品，而且你已经拥有一大群用户，愿意付费取得基本服务，那么你或许没有必要免费提供简易版的服务。这种简易版可能产生负面影响，损害你的付费服务，或者更糟的是，这种简易版可能被认为没有足够的价值，一点儿用处也没有。

如果免费策略不适合你的公司，也不必沮丧。归根结底，你遇到的这个问题，恰恰是其他公司孜孜以求的目标。这表明你的会员愿意花钱享受你的服务，所以通过免费手段增加试用者数量行不通。非但行不通，还可能十分危险，比如让付费会员觉得权益受损，导致用户对公司另有期望，或者导致用户获得一种跟公司标准不符的体验。

我建议你在探索利用免费策略做营销时要有创造性，但要接受这样一个事实，即你的研究可能会明确地表明免费策略其实并不适合你的公司。太多的公司在使用免费策略时没有自律，结果发现免费并没有变成一个可靠的收入来源。

有些免费并非真的免费：Napster 公司的教训

毫无疑问，当免费策略违犯法律时，就行不通了。这方面最著名的例子或许就是 Napster 公司。

1999 年 6 月，肖恩·范宁（Shawn Fanning）和他的叔叔约翰·范宁（John Fanning）在互联网泡沫中创立该公司，最早提供点对点文件共享服务，后来以免费在线音乐分享著称。它的技术让会员之间可以轻松分享音乐，从而绕过了固有的音乐市场。

这对会员的好处是巨大的，因为他们不用花钱就可以坐拥一个庞大的音乐库，同时也帮助了其他人。这使几百万名音乐爱好者有史以来第一次获得这样的体验：不必购买整张专辑，就可以下载音乐，并有机会获得新单曲，而且这一切都是免费的。

遗憾的是，这种做法导致音乐和电影行业侵犯版权的事情越来越多。免费音乐让大众都成了窃贼。最终，到 2001 年 7 月，该公司的服务被法院下令终止。同年，由于过去未经授权使用音乐，该公司被判必须向被侵犯版权者支付 2600 万美元的赔偿金，并另外支付 1000 万美元购买日后的音乐版权。[1] 为了支付这些费用，该公司设法放弃之前的免费服务，转型为会员制，会员付费后才能获得音乐。但是，由于它前几年一直在教导用户不必付费就能获得音乐，因此，这一转型以失败告终。后来，该公司在 2002 年先被软件公司 Roxio 收购，2008 年再被零售公司百思买（Best Buy）收购，接着于 2011 年被合并到流媒体服务公司 Rhapsody。当初百思买收购时，Roxio 声称 Napster 有 70 万名付费会员（2001

年用户数量多达 2500 万，之后一路下滑）。[2]

Napster 在付费音乐方面所做的努力，为 Gnutella 和 Freenet 这些点对点分享网站，以及 Sky Songs、eMusic 和 Spotify 等付费音乐网站的兴起奠定了良好的基础。但 Napster 也减缓了数字音乐世界的转变步伐。近十年过去了，付费数字音乐才成为主流。最终而言，Napster 做得很好的一点是理解用户真正想要的是什么，并迫使行业内的其他人传递这种价值。

关于免费策略，我们能从 Napster 的故事中学到什么呢？有了合适的平台，人们开明的利己主义精神会激发规模庞大的共享与合作，并创造真正的价值。会员经济可以带来与内容互动和与人互动的全新方式。然而，请记住以下三点：

- 如果没有人付费，即使拥有 2500 万用户，公司也无法赚钱。
- 不管价值为何，同样的服务要从免费转变为付费，肯定困难重重。
- 如果你打算采用免费策略，就要确定你是拿自己的东西来赠送，而不能拿别人的东西去赠送。

小结

硅谷到处都是采取免费策略却以失败告终的公司，它们放弃了一切成功的机会。尽管这些公司总是对自己的失败感到震惊，但这一结果不会让任何人感到意外，因为有人曾发出警告说，如果人们可以免费得到牛奶，他们就不会买奶牛。

很多时候，当用户免费使用你的服务可以为未来的用户创造更多效益时，当免费用户有机会接触到潜在用户，并帮助他们了解你的品牌时，当你需要进行试验以吸引用户使用服务时，免费策略就是有意义的。如果免费会员由于某个自然的原因，比如为了增加使用量，为了使用更多的功能，为了获得更高的服务水准，而愿意升级为付费会员，那么这种免费策略就是成功的。

第九章
运用正确的技术掌握正确的数据

如果你对科技如何渗透我们的生活有任何疑问，请考虑以下数据：

- 91% 的成年人每天每时每刻都随身携带手机。
- 地球上有 70 亿人，其中 40 亿人使用手机，而使用牙刷的人才不过 35 亿。
- 每分钟都有时长多达 100 小时的视频被个人用户上传到 YouTube 这个网站。
- 90% 的短信在发送之后的 3 分钟内就会被阅读。
- 平均来讲，一个 21 岁的成年人花了 5000 小时玩电子游戏，发送过 25 万封电子邮件、即时消息和短信，并在手机上花了 1 万个小时。

传统的价值主张正在被技术所改变。这不是新鲜事。看看网迅（WebEx）在视频会议领域或贝斯卡（BaseCamp）在远程协作领域做了什么就知道了。两者都使远程协作达到了前所未有的水平，都对在家工作、远程协作、全球团队等概念做出了重大贡献。

有了网迅（或谷歌群聊），你可以与世界各地的人共享文档、视频聊天、向团队发送文档等等。贝斯卡作为一个在线项目管理工具，提供待办事项清单、维基风格的在线文本、里程碑管理、档案分享、时程追踪和信息传递等方面的服务。

有可能算得上新闻的是，有几十个应用程序、工具和平台是为会员经济的独特需求而设计的。与任何在 21 世纪第二个 10 年中运作的组织一样，技术在每家会员制公司的成功故事中都发挥着重要作用。在这一章中，我重点讲一下那些在业务模式中采用订阅、社区和网络等技术的会员制公司。

技术帮助有效了解会员的需求和行为

技术不是一切。在建立一家成功的会员制公司所需的全部要素里面，技术可能只占 10%。其他 90% 的要素，包括你的态度、营销以及对客户的了解程度，都很重要，但你选择的平台、应用程序和工具也很重要。

技术是整个公司向会员转变的潜在主要促成因素。用领英联合创始人艾伦·布鲁的话来说，有充分的理由相信，与面对面的人际关系相比，在线系统是实现同样价值的一个捷径。技术可以加快和简化会员之间的沟通和交流，也能让公司有效地了解会员的需求和行为。[1]

在转变为会员制公司的过程中，很多公司通常因为技术挑战而陷入困境，尤其是那些存在已久的公司误以为改变很难，替换或整修老旧系统的工作可能很吓人。但是，有许多方式能让我们充分利用现代科技，让会员制成为可能。大多数会员制经济组织并不是以其技术创造差异性，而是利用其他公司设计的技术去支撑自身的会员制。

在许多情况下，它们采取的是“软件即服务”（SaaS）模式，几乎每一种软件都是基于订阅制的，不仅灵活廉价，而且公司不必担心配置和升级等问题。这样一来，软件维护、管理和配置的责任就不会成为会员制公司的主要挑战，从而使得建立起一个强大的平台对会员制公司而言不仅变得容易，而且成本也负担得起。

有时，公司想从零开始建立自己的平台，毕竟，它们不希望自己的关键差异来自别人的产品。但是现在，内部开发专属系统已经相当罕见。以前，信息技术部门会争取预算和团队，但现在公司明白何时该依靠外部公司设计的解决方案来迅速、有效地解决问题，何时该自己投资打造客户解决方案。虽然这些产品的价格和便利性普遍存在一定不足，但利用他人设计的云端软件是管理成本和保持灵活性的好办法。

Preact 软件公司首席执行官迈克尔·盖勒指出：“开公司的成本越来越低，而获取客户的成本却高得吓人，因此，留住客户比以往更重要。”[2] 市场上存在很多干扰信息，但你真的需要集中精力去思考如何留住你的客户。技术是会员经济的关键工具之一，部分原因是它使一家公司能够以前所未有的方式鼓励会员留下来，并跟踪研究会员留下来的情况。

在任何情况下，如果公司想要发挥会员制的力量，就需要深入考虑其技术策略，就像考虑其运营、人员配备或客户服务那样。无论是公司自己开发平台，还是跟软件供应商合作，每一个决定都会给公司开辟新的渠道或者限制会员之间的联系。

会员经济模式可用的技术

在会员经济模式下，技术可以运用到很多环节，包括组建会员社群、提高会员参与度、提高会员忠诚度和设计便捷的收费方式。以下是一些你可能想要采用的技术。这里列出来的不算详尽，只是着重强调一些可用的软件。

- 营销自动化技术（比如 Marketo、Hubspot）。这种技术可以让公司实时追踪它同潜在会员（入会之前或退会之后）之间的互动，并追踪面向现有会员开展的营销活动。这很重要，因为有时候赢得一个会员需要很长时间，而且有时甚至在会员取消会员资格后，公司仍有可能让会员回心转意。
- 客户关系管理技术（比如 Act-On、Janrain、RightNow、Salesforce）。这是一种管理公司同当前客户及未来客户之间持续互动的系统，通过技术手段实现营销、客服和技术支持的一体化、自动化和同步化。通常与营销自动化技术紧密结合在一起，相互配合使用。这项技术很重要，因为在公司和会员之间，会员处于优势主导地位，这就意味着公司需要不断地提供价值来留住会员。目前市场上有数百个客户关系管理软件，其中许多是为特定领域定制的，公司可用的选项是无穷无尽的。

- 订阅收费技术（比如Vindicia、Zuora）。无论公司的定价模式多么复杂，都可以找到合适的软件。这很重要，因为公司可以有足够的自由空间去设计对会员有意义的服务的定价模式。
- 组建会员社群技术（比如Jive、Lithium）。这种技术可以让公司搭建一个在线平台，让会员同公司及其他会员之间加强沟通。这很重要，因为会员之间以及会员同公司之间沟通越多，对公司活动的参与度越高，公司就越了解自己的会员。
- 客户服务技术（比如Gainsight、Preact、Totango）。这项技术可以让公司追踪评估客户关系的健全程度，让客户更加深入地参与公司活动。这项技术之所以重要，是因为如果会员不参与公司活动，不明白自己可以获得的好处，那么取消会员资格的可能性就比较大了。
- 提高忠诚度技术（比如Belly、Punchcard）。这项技术让公司可以追踪会员行为，提供肯定与奖励，以换取会员的忠诚度。这很重要，因为它能强化公司与会员的关系，尤其是零售业、快速消费品之类的行业。

在以上这些技术中，订阅收费、组建会员社群、提高忠诚度和客户服务是最需要考虑的四大关键技术。

投资计费系统，选择合适的定价模式

在我的客户中，有一些公司由于受到计费系统的限制而无法选择适合自己的定价模式。比如，有一家公司想为所有购买两个或更多商品的消费者提供 10% 的折扣，但由于计费系统存在限制，不支持这么做，公司不得不采取“捆绑”销售的方式，这就意味着消费者如果想享受优惠，必须额外购买指定的产品，自主选择的空间大为缩小，从而显得乱糟糟的，还容易引起消费者的困惑。

为会员制公司提供计费系统技术支持的公司很多，Zuroa 和 Vindicia 就是其中著名的两家。这两家公司都能够提供定制的、复杂的定价解决方案，灵活性很大。

Zuora 首席执行官左轩霆（Tien Tzuo）指出：“当你转向会员制经济模式时，你在定价和交易（按月、按年）方面便有了更大的灵活性，这会带来更大的复杂性。你定价的依据是什么呢？消费者的购买量？会员资格的持续时间？服务类型？产品特征？定价系统的技术需要支持你战略性的定价决策。在如何定价的问题上，你不应该被你的定价软件所限制。”[3]

一个好的定价系统可以帮助公司了解为每个会员提供服务的实际成本。订阅计费专家大卫·沃迪戈（David Werdiger）是澳大利亚计费软件供应商 Billing Bureau 的创始人。他相信大多数会员制公司之所以遭遇困境，是因为它们不理解自己的成本。比如，如果一个餐厅不知道

大多数会员制公司之所以会遭遇困境，是因为它们不理解自己的成本。

一般人的饭量，便害怕提供一个可以让客户“吃遍所有”的定价模式。[4] 由于担心太多的人会成为重度用户，公司无法提供消费者真正想要的价格。

计费系统另一个经常被忽视的好处是公司可以把账单当成一种营销工具，在账单里提供额外服务的相关信息，或者借此机会向客户传递一些信息，加强与会员的沟通。公司应将每次与会员沟通当成提高品牌忠诚度和建立长期关系的潜在机会，而不只是营销部门发放资料。

选择一个可控制的社群平台

利用现有的技术平台（例如领英、拼趣或脸书）或许可以快速、廉价地实现会员社群的关键功能，还能马上联系到那些最忠诚的会员，风险则是公司可能失去掌控，无法为客户提供定制化的服务，有时也可能失去直接联系客户的能力。比如，脸书开设有粉丝页面，许多公司就以粉丝页面作为同用户建立联系的一种工具。遗憾的是，脸书前不久决定打击引诱用户点赞或分享帖文的“互动诱饵”，采取了更严格的反制措施，改变了粉丝页面的算法，如果公司引诱粉丝点赞或留言，那么它们的粉丝页面被推送给粉丝的概率就会大大下降。

根据脸书数据分析公司 EdgeRank Checker 的报告，这种算法导致的一个结果是很多公司的粉丝页面都受到了影响。比如，Old Spice 和 Bare Essentials 是两个煞费苦心经营得很好的粉丝页面，以前粉丝经常在动态消息上看到这两个页面的更新信息，在 2012 年 3 月，这类页面的触及率是 16%，而现在触及率已经降到 1%~2%，预计会继续下降到零。脸书要求的是，公司赞助自己的帖文，为特权付费。所以，即使粉丝想在脸书上获取公司的消息，公司也必须付费刊登广告才能触及粉丝。这些曾经砸重金建立粉丝群的品牌，必须寻求新方法接触这些会员。如果会员社群在公司的商业模式中占据核心地位，那么像 Jive 公司或 Lithium 公司这类会员制公司那样采取一个自己可以控制的社群平台，不失为更好的选择。

跟踪客户行为，并对忠诚度予以奖励

忠诚度提升计划使公司同客户建立起持续的关系。在这类方案中，公司跟踪客户的行为，并对它所期望的行为给予奖励。采用打孔卡是实行忠诚度提升计划最基本的形式，但这种方式存在很多问题，比如客户可能会把打孔卡弄丢，或者忘记带在身上，以至无法享受相应的好处和奖励。即便在最理想的情况下，这些问题都没出现，打孔卡除了让公司追踪购买次数（或金额），也无法让公司追踪太多的行为。

今天的科技公司开发的客户忠诚度提升计划可以追踪到更多的信息，包括客户通过各个渠道以及在不同时间同公司的每一次互动，然后分析客户的偏好和习惯，以便提高客户忠诚度。这些新型的会员忠诚度提升计划改变了长期实行忠诚度提升计划的零售业和酒店业的游戏规则。此外，这些方案还能让消费品公司和

新型的会员忠诚度提升计划改变了长期实行忠诚度提升计划的零售业和酒店业的游戏规则。

电子产品制造商等公司与终端用户直接建立关系，这在过去几乎是不可能实现的。

Janrain 科技公司的副总裁杰米·贝克兰德（Jamie Beckland）说："我们发现，那些对忠诚度提升计划最感兴趣的公司往往是之前没有做过忠诚度提升计划的公司。它们发现，改善会员体验有助于它们与客户建立直接关系，而这一关系之前是由零售商负责建立和维护的。"[5]

帮助客户成功：追踪、分析和行动

通常情况下，公司与客户的关系在交易结束时就终止了，除非客户有问题打电话过来。在这些情况下，客服专员将帮助客户解决问题。一般的公司会想方设法尽量减少客户的来电次数。但在会员经济模式中，客户的参与至关重要，与客户接触的每一个机会都是建立忠诚度和长期关系的机会。

因此，许多会员制公司中都设有帮助客户取得成功的职能部门，而且这方面也有相应的支持软件。像 Totango、Gainsight、Frontleaf 和 Preact 这样的公司会监控和追踪会员的行为，无论是电话、电子邮件，还是实际使用会员身份的行为，以此来为客户带来更大的价值。会员获得的价值和取得的成功越多，他们就会越忠诚。在会员经济中，确保会员的成功会直接推动收入的增长。

会员经济对公司信息总监意味着什么

对公司技术团队领导者，也就是信息总监来说，这一切意味着什么呢？这意味着，由于所有数据都是由会员经济产生的，会员经济组织的信息总监有机会成为领导团队中战略决策的参与者，而不是被视为一个成本管理中心的经理或只是一个履行普通职能的专员，他们现在应该与营销总监享有相同的权力和承担相同的责任，共同研究如何收集和分析数据，这些数据可以推动公司领导者制定提供哪些服务、吸引哪些客户关注的决策。此外，会员经济组织的信息总监能够，也应该能够对首席执行官说“我们应该做些什么来吸引和留住会员”。

小结

本书的读者里面，有些热爱科技，并在自己的个人生活和职业生涯中拥抱技术变革。对另一些读者来说，科技就像是一种不可避免的罪恶，他们觉得技术变革不好控制，而且有些技术是不合理的。但不管你感觉如何，技术进步其实是推动会员经济发展的最重要因素之一。如果你要忘记这本书里的其他内容，我希望你不要忘记本书的一个观点，即科技可以也应该被用来与会员建立牢固的关系。即使你自己不是技术专家，也需要对技术趋势有足够的了解，让技术协助你达成会员制的目标。

第十章 如何留住会员以及适时放弃会员

我的大学室友伊丽莎白是圣公会教堂的牧师。2014 年，她在脸书上发布了一张自己的照片，邀请信徒们在那一年的“圣灰日”前往芝加哥附近的阿灵顿高地火车站参加“涂灰礼”。你看，把信徒们联系在一起多么容易啊，还有比这更轻松的方法吗？教堂为了与信徒们保持联系，越来越多地提供延长忏悔时间（甚至推出了网上忏悔服务）、儿童看护、短期家庭服务以及在特定社区建立的祈祷团体等服务，想方设法为信徒们提供便捷。会员制公司也是如此。如果想让会员参与公司的活动，就不能让会员劳心费力，要想方设法给他们提供便利。

任何让会员劳心费力的因素都会妨碍会员制的实施。这一事实似乎是显而易见的，但许多公司要求费力完成一些不必要的环节才能成为会员，比如填写表格、在不方便的时间或地点开会，或者要求会员完成复杂的支付流程。流程越简单，客户参与的可能性就越大，进而忠诚的可能性也就越大。

在会员经济中走在前列的公司都知道如何让会员制融入人们的日常生活。

从入会开始建立忠诚度

从客户开始注册会员的那一刻起，最优秀的公司就开始想着建立客户忠诚度了。他们知道刚刚入会的 30 天是帮助新会员形成良好行为方式和消费习惯最重要的时期。因此，当一个客户登记试用或注册会员时，公司要确保这些最初的互动取得成功。有时，这个流程被称为“入会”，第六章中讨论过这个流程。你希望会员们尽快体验会员福利的广度和深度。许多组织为了强调会员的关键利益，或者鼓励会员以简单、高效的方式开始使用会员资格，还设计了特殊的渠道去加强同新会员的沟通。

着眼长远，提高会员参与度

有时候，如果让老会员帮助新人顺利入会，适应会员身份，那么这些老会员往往会变得更加忠诚。仅仅让会员享受个人的或有益的体验是不够的。会员们通常会主动为其他会员改善体验。会员制公司应该鼓励这种“老帮新”的行为，因为它既能提高老会员的忠诚度，也能提高从中受益的新会员的忠诚度。

长期以来，会员制公司一直致力于实施会员互助的原则，同会员加强了关系，也提高了会员的忠诚度。在某些情况下，向最活跃的会员授予名誉（头衔或地位）可以加强这种良性循环。

请求会员提供建议或协助是提高会员参与度的另一种方式。当公司正处在成长期，或者正在苦苦寻求重新定位时，这种方式的作用最明显。长期以来，筹措资金的人都知道志愿者捐款的可能性比非志愿者大，而且之前少量捐助的人未来有可能增加捐助。如果人们最初决定付出自己的时间，那么之后通常也愿意付出自己的金钱。

邀请会员创作内容也是吸引他们的一种方式。这并不是一个新想法。现在的新技术可以让人们直接发布信息，而且可以使用多种媒体（视频、照片、音频）。这些新技术能够提高人们的创造力，帮助业余爱好者创造出具有专业水准的成果。

会员需要感受到与公司和其他会员的联系。

与其他任何类型的客户相比，会员更需要感受到与公司和其他会员的联系。会员可以互相提供指导和帮助，可以评论产品，甚至可以为其他会员创建新内容。博柏利品牌就利用这一点加强了它和客户的密切关系，比如，近年来，该品牌积极举办“风衣艺术展”（Art of the Trench），邀请各地会员穿风衣入镜，通过不同方式推广风衣文化。这种宣传活动搞得相当成功，有关情况可以在 http：//artofthetrench.com 这个网址上查询。会员经济的领军公司迪士尼也邀请会员拍摄自己在迪士尼乐园内的影片并上传，经过评比之后的优胜者可获得一万美元奖金，从而不仅提升会员对于社群平台的参与感，也能让这些园内影片成为迪士尼乐园的免费广告，吸引更多的参观者。[1]

在研究客户行为的基础上给客户提供一些诱导信息，可以提醒他们更加频繁地换着法子同公司互动。比如，公司可以在自己的应用程序中给客户提供一些新闻、提示或技巧，这样就可以教会员如何在不耗费大量精力、时间或资源的情况下获得更多的价值。

会员经济组织要不断接触会员，以期了解自己的会员想从他们的会员身份中得到什么。圣何塞艺术博物馆通过不断接触会员，意识到其会员想把这个博物馆作为孩子们的营地。网飞公司也是通过不断接触会员，意识到会员对原创影视剧的需求，并开拓了这方面的业务。它们一旦有了忠诚的会员，就会想办法消除可能导致这些忠诚会员离开的因素。表 7 列出了专业人士在提高会员忠诚度方面的秘诀。

表 7　专业人士提高会员忠诚度的秘诀

让一切简单起来	· 让支付流程尽量简单 · 即时向新会员传递价值 · 要想获得客户的信息，不能操之过急，要慢慢来 · 要在简化入会流程方面投入精力（大多数公司都没做好） · 要给客户自由选择的权利，即使客户不想在你这儿花钱，也要允许他们继续留在会员大家庭里面
为客户提供个性化的服务	· 定期给客户提供额外优惠或服务 · 允许会员单独联系你 · 通过循序渐进的方式提高会员的转换成本，即放弃你的代价 了解忠诚会员的行为方式
让所有会员参与你的活动	· 让会员之间构建关系，以此增强会员对你的依赖性 · 向会员传递信息，教他们如何同你和其他会员建立联系，这也是产品体验的一部分 · 多接触会员，让他们为你贡献好点子、好建议和好内容

永久交易：忠诚度在会员经济中的关键作用

从某些方面来说，会员经济就像一场婚姻，你希望会员对你永远忠心，但如果想要长久维持关系，必须细心经营。因为会员经济的本质是公司和会员之间建立关系，而不是交易，因此，人们的预期是，公司和会员都会随着时间的推移而成长，从而引起双方之间的关系发生改变，但是双方仍愿意继续致力于维护共同的期待。

公司运用的营销策略可能改变，但是公司必须给会员提供高标准的好处，以便不辜负自身的使命，毕竟，会员经济组织寻求的是一种永久关系。跟婚姻关系一样，当会员觉得公司没有信守承诺时，会员就可能有出走的念头。当你听到人们谈起自己为何不再是某家健身房的会员，或讲起自己为何注销脸书账号，或者将航空公司会员身份从联合航空转换到维珍航空时，人们的言谈中通常隐含很多情绪。

会员取消会员资格当然也有充分的理由，比如搬家、退休或加入会员的目的达到了（比如加入约会网站之后实现了脱单的目标，就会注销会员资格）。所以，并非每个会员都是因为产生了不满情绪而离开的。不过，大多数会员没有一个特别明确的目标，公司也不会给会员一个让其重新考虑是否延续会员资格的机会，在会员开通自动付

> **当优质客户要求你帮点小忙，而你能帮他们时，忠诚度就建立起来了。**

款的情况下更是如此。所以，当会员要取消会员资格时，往往真的已经很不满了。

提高会员忠诚度的几个具体方式

我在第六章中谈过，把入会流程做得简单一些，就能大幅降低试用者或会员在刚加入的前两个月内终止试用或取消会员资格的概率，也有利于鼓励更多的人成为长期会员。在入会前几个月内参与度高的会员，比那些参与度低的会员更可能延续会员资格。提高会员忠诚度的做法包括：为老客户提供一些特殊的激励；在会员参与的所有交易或活动中，帮他们提前消除潜在障碍；让客户与公司的沟通更简单，比如公司可以通过手机上的应用程序与客户沟通。以下是提高客户忠诚度的一些具体措施。

- 在免费试用过程中建立忠诚度。虽然一些最佳案例表明不要在免费试用过程中同客户展开过多的交流，但也有例外，即当客户没有充分利用试用品的时候。在这种情况下，你需要做两件事。首先，你要给这些人提供指导，让他们从试用品中感受到最大限度的获得感。其次，如果几天后他们依然没有充分使用试用品，那么你要提醒客户使用。如果他们依然不用，那么你要提醒他们在开始收费之前取消试用服务。提醒他们取消试用服务是明智的，否则他们可能觉得自己被骗了，或者更糟糕的是，他们可能会既不取消试用，又拒绝付款。

- 在客户获取阶段建立忠诚度。如果你已经根据客户的主要来源和产品使用率追踪某个客户群体，那么你可能会得知一些可以帮你获取会员的信息。每位营销人员都知道入会流程必须非常简单，必须限制给潜在会员提供的选项的数目。比如，如果你知道某个特定客户群体比较有可能选择某一个选项，那么你就设计一个能够突出该选项优点的会员注册流程，而不是同时给用户提供三个可供考虑的选项。虽然你不可能为每一个客户群体设计一个有针对性的注册流程，但如果你的注册流程能够引导客户选择同一个选项，就能大幅增加注册的人数。
- 通过简化流程来建立忠诚。很多人认为最初的注册流程是定价过程的结束，但实际上这只是开始。虽然你想让注册流程尽可能简单，但是一旦有人注册了，你就可以根据使用情况提供额外特性。例如，你可以说，只要多花两美元，你就可以无限制地访问相关内容。需要注意的是，为特定的客户群体提供简单的解决方案通常需要公司应对很多复杂因素。流程对会员来说越简单，公司管理起来就越复杂。相比之下，电信公司往往有复杂的定价，让人感觉困惑，感觉不公平，这就是人们对一般电信公司大感失望，而令T-Mobile蹿红的原因（我们会在第十四章讲一讲T-Mobile这家公司）。支付服务公司首席执行官基恩·霍夫曼（Gene Hoffman）对我说，电信公司低估了复杂定价模式对消费者造成的心理成本。

- 通过个性化的体验来建立忠诚。“个性化”的定义是属于或关于一个特定的人。最好的会员制公司善于为会员提供个性化体验。

提供个性化体验的一种方式是通过资源配置和定制服务为个人提供独一无二的体验；另一种方式就是要认识和了解每一个会员。丽思卡尔顿酒店就非常注重称呼客户的名字，尤其是那些加入该酒店会员计划的客户。网络社群几乎总是在右上方列出会员的姓名，还经常根据会员的行为方式和使用模式不断学习，了解会员的需求，从而给客户推荐相应的产品或内容，为其提供更好的体验。

个性化有显式、隐式和混合式三种。显式个性化允许会员自由选择他们想要的独特符号、地址或虚拟头像。隐式个性化是指公司了解会员的人口学信息和行为方式，然后根据这些信息调整会员的级别。混合式则同时使用上面两种方式。一种比较理想的情况是你希望会员的体验能够随着时间的推移而变化，并继续深入了解你的会员，以便为他们提供越来越个性化的体验。

你希望会员的体验能够随着时间的推移而变化，并继续深入了解你的会员，以便为他们提供越来越个性化的体验。

Marketo 是一家总部位于加州圣马特奥市的营销自动化软件公司，它可以让公司与会员建立个性化的联系。它将它教授的许多实践应用于自己的客户。除了提供全套的营销服务，Marketo 还建立了自己的认证项目，使其更像是一个专业协会。它甚至会在员工离开公司后继续给予关注，并提供求职信息，帮助他们找到其他工作。

通过用户群、大型高端的用户会议和“营销国家”的口号，Marketo 公司汇集了营销相关的人员、想法和信息，成为营销专业人士的社群，并逐渐开始取代美国市场营销协会（American Marketing Association）的地位。如果营销人员不能通过 Marketo 工具找到他们需要的所有信息，Marketo 公司还提供了一个为他们提供额外服务的网络社群，名为 Launchpoint，让数万名营销人员共享信息，取长补短。该公司始终以高度个性化的解决方案，为客户提供全方位的服务，建立了极高的忠诚度。

当心会员的“被动流失”

“被动流失”是指会员因在付款过程中遇到问题而不得不退出会员制公司，实际上这并不是会员的主观决定。比如，会员的信用卡到期了，但没有输入新卡的有效日期，虽然这不属于诈骗，但会员管理系统会自动注销会员账号。因此，公司要避免这种状况。许多会员制公司面临的最大挑战之一是信用卡问题导致订阅暂停，最后导致会员资格终止或取消。通常，我们取消信用卡是有原因的，可能是换其他发卡银行，或者因为改名，或者被盗刷。在这种情况下，许多公司会发一两封电子邮件提醒，然后就取消订阅或先暂停订阅。会员资格一旦被停止，就会出现摩擦。

这种摩擦需要采取行动去排除，这时客户会重新思考是否有必要延续会员资格。由于摩擦本身可能太烦人，客户可能索性直接取消会员资格，或者根本不打算更新信用卡信息。

为尽量减少这种卡片摩擦，公司应该跟信用卡公司建立良好的合作关系，可以直接联系信用卡公司，也可以从许多合适的计费平台中选择一家，让它负责与信用卡公司联系。这样就能确定信用卡信息的变化是否存在诈骗。

在信用卡发生问题时，暂时相信优质客户不会错（但这样做必须知道哪些人是优质客户），在这段时间先不要暂停服务，直接打电话请客户更新相关信息。当优质客户要求提供一点方便时，你可以慷慨给予，这样不但有利于提高客户忠诚度，也有利于减少消耗。

有些公司对订阅业务进行了优化，这可能是一项明智的投资，但在沟通方面也可以做一些事情来减少损失。Vindicia 是最好的数字计费公司之一。该公司首席执行官基恩・霍夫曼建议公司尽量减少与客户沟通计费的相关问题，除非存在重大问题。他建议，当公司确实需要同客户讨论计费问题时，他们应该确保尽可能明确、直接和坦率，会员制公司采取合适的计费方式的目标应该是为会员接受服务创造便利。[2]

比如，如果你的可变成本很低，为什么不给客户一个宽限期来更新他们的信用卡信息呢？给他们发一封邮件告诉他们这个问题，告诉他们你正试图解决你这边的问题，并给他们一个宽限期。如果他们知道有问题，就可能会更新自己的账户。大多数公司只是取消或暂停会员的账户，这可能会让优质会员感到不安。如果没有给会员更新账户信息设置一个宽限期，也没有给会员发送提醒邮件，可能导致他们认为公司并不真正了解或信任他们。当会员信用卡第一次失效时，你不妨保持沉默，等到第二次出问题时再采取行动。大多数情况下，这种做法都是奏效的。

当会员自己决定取消账户时，就是所谓的“主动流失”。这才是真正需要思考的问题。要减少活跃的用户流失，就要了解用户想注销的原因。首先你要确保你吸引的是正确的会员，然后确保他们明白自己得到的价值。最后，确保他们在一段时间内继续获得价值。

减少主动流失和增加会员的一个好方法就是追踪研究不同群体的行为数据。这意味着公司要分析特定群体的行为，设计新流程来争取这些群体。你可以考虑以下三个群体：

- 基于日期的群体。衡量同一天加入的会员，看看他们是否在特定时间内发生特定事件。比如，约会网站默契网（Match.com）就有一个方案，是在会员加入满三个月时，免费赠送两个月的会员资格，因为该网站发现在那个时间点，会员容易取消会员资格。
- 基于利用率的群体。在低利用率持续 10 天后，人们有取消服务的倾向吗？或许你应该主动为该群体提供某种优惠，避免会员取消服务。
- 不同于固有客户的群体。某些广告或合作伙伴为公司带来的订阅者，跟固有会员的行为方式有什么不同吗？如果有，你或许需要调整一下入会流程，来吸引不同的客户群体。

如果会员真的想走，就让他们走

人们常常想减少摩擦是否应该发展到取消会员资格的地步。《加州旅馆》这首歌里面有一句歌词："你可以随时结账，但你永远无法离开。"会员制组织是否应该像这句歌词所说的这样呢？在这方面存在一些争议。如果会员真的想离开，打算取消他们的会员资格，那么公司应该让这个退出过程变得简单轻松一些。但许多营销人员想让它变得困难，迫使会员拨打特定的电话号码才能取消会员资格。然而，一个会员越容易离开，他回来的可能性就越大。

也就是说，建立一个让会员压根儿不想离开的管理系统十分重要。公司经常使用"黏性"这个词来描述这样的系统。客户在频繁利用会员身份，并延长会员资格时，才更有可能理解会员资格的价值，所以许多公司注重追踪会员访问的次数和每次访问的时间长短，作为衡量忠诚度的指标。同时，这也是找出哪些会员可能流失的一种方法。

为会员提供更多使用产品或服务的理由，就能增加订阅服务对于用户的黏性。有些特定类型的产品或服务令人难以取消，比如，会员身份达到了某个等级（比如航

有些特定类型的产品或服务让会员很难离开。

空公司或酒店的会员），当公司为会员提供个性化服务（比如公司已经根据客户的个性化要求为其安排好了周二的常规课程和周四的网球比赛），当公司跟会员建立了个人层面的关系时（比如当地健康管理中心的会员），会员就更不愿意取消会员资格。

留住会员的另一种做法，是为会员保留原先的福利或优惠，只不过这样做未必对公司最有利。举例来说，多年来我一直使用同一家通信公司的服务，因为该公司一直为我提供无限上网流量的优惠方案（遗憾的是，现在这项优惠方案已经取消了）。

如果你已经和会员交流过会员资格的所有好处，而他们仍然想取消会员资格，那么你要做的一件重要的事情就是确保取消过程简单明了。不然的话，他们会向你以及其他愿意倾听的人抱怨烦琐的取消程序。这种抱怨可能会对公司产生负面影响，但更重要的是，让取消会员资格的过程变得困难是有悖道德的。协助会员取消会员资格的工作不能仅仅交给自动化系统去处理，而是应该交给最优秀的员工去处理，这些人最好接受过销售和客服方面的培训。会员最终下定决心注销会员资格时，通常是因为他们认为会员身份带来的价值无法匹配自己付出的成本。

在许多情况下，会员可能因为有过不好的体验，便否定了以往认定的价值。这时客服人员或许可以采取补救措施，通过提供优惠或赠品向会员致歉。而且，会员可能还不清楚自己凭借会员资格能获得什么好处，跟客服人员聊聊或许能让他们对会员资格带来的好处形成新的认知。

或许你想给打算退出的会员提供一个补救方案，比如给他们提供 5 折优惠，看他们是否愿意留下来。如此一来，你可能担心其他人知道之后也要求打折，但数据显示这种情况并不多见。[3]比如，每个人都知道可以打电话给 DirectTV 并获得折扣，但优惠内容每周都在变化，还要考虑自己的信用记录和会员资格期限，所以 DirectTV 的优惠相当复杂，打电话申请优惠的人并不多。如果你的客户对价格非常敏感，以至他们在优惠券网站上搜索打折信息，你可以给他们提供打折优惠，这对留住会员非常有效，因为对价格敏感的人如果获得了特殊优惠，就不太可能离开。

如果有的会员只是想停止付费，那不妨为其提供一种免费服务，以便使其继续留在会员大家庭里面，这不失为一种最佳做法。这样一来，你可以继续与其保持联系，并且可以为那些付费会员提供一个更有活力的会员社区（这方面可以想一想领英或一些专业协会的做法）。要想成为一个成功的会员制组织，最关键的是要让会员们方便留下来，打消他们离开的念头。

会员注销他们的账号时，你不妨快速调查，找出原因。这项调查并不主要是为了了解他们离开的原因（希望你在此之前就已经知道了这个原因），而是为了让你知道如何挽留他们。这时，制定一个退出者列表是非常有用的，因为其中一些退出者经过一定的“培养”之后，可能回心转意，再次成为会员。

你的调查内容里面应该有一些与“培养”计划相关的经过深思熟虑的问题。比如，如果会员因为学校放假而选择退出会员资格，你就要想到把他们放到一个“培养”周期里面，在秋季开学时再邀请他们回来。再比如，如果会员因为缺少某一个特色功能而注销会员资格，那么你可以在添加那个特色功能时告知他们一下，让他们回来。

小结

会员经济的灵魂是会员忠诚度，而且会员制组织有独特的商业模式，能够在提供产品与服务的过程中提高忠诚度。像 CrossFit 和 Salesforce 这样的公司找出了无数种做法强化公司与会员之间，以及会员与会员之间的密切联系。这些公司使注册变得容易，使体验个性化，并让其他人乐于参与其中。

第三部分

会员制组织的形态与规模

在第二部分，我们讨论了会员经济组织赖以成功的理念、策略和工具。在第三部分，我将重点介绍一些在会员经济中茁壮成长的组织。你会遇到一些会员经济的先驱，深入了解他们的组织，深入了解他们做得如何。

我将这一部分分为 6 章，每一章结合一个方面描述一种特定类型的组织：

- 数字订阅；
- 在线社群；
- 忠诚度提升计划；
- 传统会员经济公司；
- 小公司和咨询公司；
- 非营利组织、专业协会和行业协会。

虽然这些类别有许多重叠，没有囊括会员经济的所有组织类型，但可以让你了解会员经济的广度和深度。在每一章的结尾依然会给出一个小结。

如同我在前言部分建议的那样，你不必逐章阅读，可以只了解跟你自己状况最相关的主题与组织。但我鼓励你也读一下其他组织的情况，了解它们目前如何建立会员制，即便那些组织看似与你的组织不同。

表 8 简要概括了你将在第三部分了解到的主要内容。

表 8　各类会员经济组织

	组织特征	我们能从这个模式学到什么
数字订阅	· 为价值进行个性化定价 · 采取免费增值模式 · 善于利用支付流程提升客户忠诚度和自身灵活性	· 增加几个较高的价格层级，为订阅者提供更多选项 · 根据服务层级、服务特色和使用数量将会员分成不同层级 · 将现有订阅维持在同样的价格 · 只对轻度用户提高费用（可以按月计算） · 鼓励用户选用年费服务 · 特别留意收费系统 · 给客户退款时要服务周到 · 持续主动地进行创新 · 提供远超过会员预期的价值 · 明确会员流失的早期迹象
在线社群	· 有助于利用会员的智慧和利他精神 · 释放尚未得到充分利用的资产价值 · 利用技术建立密切的会员关系	· 立即为会员提供价值 · 要有针对性地促进会员社群的扩大，而不是漫无目的地与会员建立关系 · 让会员容易彼此相助 · 让会员容易向公司寻求协助 · 让会员容易表达想法 · 设计一套易于管理“叛变者”的系统 · 在社群中担任主持者的角色，以管理社群文化 · 经常对服务进行小改进，而不是大调整
忠诚度提升计划	· 根据营销专家公司（MarketingProfs）网站的数据，这类计划能使会员帮助公司传播良好口碑的可能性增加 70%[1] · 这类计划的追踪机制有助于引导会员改变行为方式	· 应该让更多类型的组织采取会员制 · 应该设计一套追踪机制，研究特定消费者的行为，让客户从不为人知的状态进入为人熟知的状态 · 要判断出在自己的组织里忠诚度对你自己以及客户意味着什么 · 即使会员尚未表现出忠诚，也要立即给他们创造价值 · 要确保会员能够感觉到你的一线员工是了解他们的，试想一下，如果会员是一线员工的朋友，会受到什么样的对待呢? · 根据行为数据的分析结果，调整并改善公司给会员提供的福利

（续表）

组织特征		我们能从这个模式学到什么
传统会员经济公司	· 展现了会员经济的各个方面如何整合到一起 · 展现了历经时间考验的会员经济结构	· 小的测试可以催生大的解决方案 · 就算后台操作复杂，也要让用户获得简便的体验 · 聚焦会员需求，而非聚焦跟风
小公司和咨询公司	· 展现了资金实力不雄厚的公司如何发展会员经济 · 展现了如何为当地客户群或高度专业化的客户群提供个性化的服务 · 展现了小公司如何变得出色、灵活与个性化	· 聚焦的业务要明确，范围要窄 · 要利用规模小的优势，近距离地接触会员，了解他们的需求 · 要寻找低成本的、非连贯性的方式去完成目标 · 要多接触当地的会员社群
非营利组织、专业协会和行业协会	· 建立以使命为中心的组织 · 与会员建立长期关系	· 要立足于自身的使命，改进产品和服务，以完成使命 · 在每一项活动中都与会员合作，共同完成使命 · 把更大的社群纳入目标 · 执行长期性与可持续性的发展战略，少一些冲刺，多一些马拉松

第十一章
你可以从数字订阅中学到什么

我们可以从“数字原生代公司”（digital native）中学到很多东西。所谓“数字原生代公司”，指的是那些诞生于数字技术蓬勃发展的时代，并且能够熟练地利用数字技术整合商业模式的公司。它们能够使用最新的技术来支持自身的业务，设置了不同的订阅级别，不断增加新的特色服务；它们往往不追求华而不实的功能，也不追求什么重大创新，而是更喜欢不断实现小的改进，几乎每天更新自己的应用程序。数字原生代公司通常努力将自身的服务与会员的日常活动融合在一起，同会员建立一种持续关系，而不是单次的活动完成后就结束了。

在接下来的两章中，我将重点介绍两种类型的数字原生代公司，一种是利用订阅为会员提供内容和服务，另一种是建立在线社群和社交网络，将会员聚集在网上。在会员制经济中，许多组织已经将这两种模式混合在一起，但是分开来看，这两种模式是很有用的。

正如我之前所说的那样，每家会员制公司都希望获得会员的忠诚以及可预期的收入。有些高管认为只要一家公司提供了订阅类的业务，就自然成了会员制公司，但实际上要成为会员制公司，

每个人都想破解订阅密码。挑战在于订阅模式需要有原则性和持续性，并不断改进。

公司面临的一个挑战在于其订阅模式需要有原则性和持续性，需要不断地修修补补，持续改进自身的服务。

调查猴子公司是一家基于网络的调查解决方案供应商。Egnyte是一家基于云端的商业文件储存、共享和备份的解决方案供应商。这两家公司都建立了复杂的会员经济模式，以吸引和留住忠实会员。

调查猴子公司：进入高端市场，却仍履行对早期客户的承诺

该公司是全球领先的在线调查平台，办公室位于一幢全新的4层楼建筑内，正对着加州帕洛阿尔托市的火车站。总部完美地体现了"调查猴子"这个品牌的内涵，该品牌自1999年创立以来发生了显著变化。

现任首席执行官戴夫·戈德堡（Dave Goldberg）在2009年接管了公司，当时公司的联合创始人瑞安（Ryan）和克里斯·芬利（Chris Finley）将公司的多数股权出售给了一批股权投资者。戈德堡的任务首先是建立基础设施，以便支撑公司实现令人印象深刻的病毒式增长，其次是利用公司的地位和利润，大幅拓展业务。在芬利兄弟带领这家公司时，仅有14人的团队就打造出了一家获利的会员制公司，并且拥有相当忠诚的客户。这些客户喜欢这

个古怪、友好、乐于助人的品牌。2008 年，在一个非常简单的商业模式下，公司收入超过 2000 万美元：免费的精简版；每月 20 美元（或每年 200 美元）就能无限使用线上问卷调查，并获得技术支持。[1]

用户将该平台视为一种秘密武器，使自己在数据协助下做出更好的决策，提高工作效率。作为产品营销人员、人力资源专家和各地教师的秘密武器，再加上该公司一直以来在客户方面投入巨资，建立了难以置信的忠诚度和积极的口碑。

芬利兄弟设计的商业模式的基础是让客户获得更好的软件使用体验，而不是获得软件的所有权。对处于早期发展阶段的公司而言，这是一个明智的决定。根据该公司首席运营官和首席财务官蒂姆·马利（Tim Maly）的说法，"由于给客户创造的感知价值总是远远高于服务的实际成本，它还帮助人们实现了成功，而且我们的技术支持也是一流的，结果一开始就从客户那里收获了极大的忠诚度"。[2]

戈德堡的团队需要让已经成功的公司变得更加专业化，并随着时间的推移将其从一个纯粹的调查工具发展成帮助人们做出决定的领先平台。他们的愿景包括添加具有更大功能的新产品，将产品进行翻译和本地化处理，以便让世界各地的人访问，使品牌显得更加高端，同时维系其忠诚的核心用户和保留固有的品牌资产。改变一家公司的品牌和核心产品总是很棘手，在会员制公司中尤其困难，因为公司与会员之间的关系是基于彼此持续的信任与一致性。

调查猴子公司是最早采取免费增值模式的数字服务公司之一，在这种模式下，客户可以选择免费版，也可以选择付费版，以便使用额外功能。蒂姆·马利将最初的销售方式称为“公司消费者化”。一开始，只是公司里面的个别员工自费订购该公司的产品，帮助自己做出更好的决策。对他们的公司而言，这种成本几乎可以忽略不计。最终，首席财务官或首席信息官会注意到整个公司中有很多人都在使用这款应用程序，便会联系该公司的高管，说服他们更广泛地订购调查猴子公司的服务，甚至可能是全公司范围的订购，成本由公司承担。这种公司消费者化的策略也被Salesforce、Yammer、Box和Dropbox等数十家公司采用。

后来，调查猴子公司发现按年付费的会员比按月付费的会员更忠诚。他们致力于维护该公司的服务平台，并以多种方式利用它。该公司的新领导团队在上任之后重新考虑定价，以便更好地服务于长期客户，同时也让大型公司更容易管理客户。换句话说，他们专注于服务最好的客户，并围绕他们进行优化。

新领导团队根据不同层级，花费数月时间，仔细分析其当前订阅用户的行为数据，查看不同层级的客户各有什么特殊请求，并探索不同的方法来开发新服务，取悦这些不同层级的会员。后来，新领导团队做出的一个关键决定是让当前的选择保持不变，但为较高层级的会员提供重要的新功能和新服务。新团队小心翼翼，不再提高现有价格，仍将年费保持在200美元，但它将月费提高到了24美元（增长了20%）。他们算准了这个增幅将激励那些忠诚的月度会员转向更加经济的年度会员，即便这样做可能导致会员流失，反正流失的客户都是短期会员。

后来，新领导团队决定，为专业用户增加两个层级——一个是年费 300 美元，另一个是年费 800 美元（原年费的 4 倍）。虽然这种涨幅看似惊人，但要牢记的重点是，使用 200 美元年费服务的某些公司，寄了几百份调查问卷给几百万名用户，所以多花几百美元换取更多服务和功能，实在很划算。

这类服务推出后，虽然原先某些用户升级了，但是使用较高服务层级的用户，大多是新用户。可以说，新服务吸引了更高端的用户，为公司创造了更多的营业收入。

调查猴子公司一直在产品开发、客户调查、数据评估和举办焦点小组（focus group）座谈等方面投入巨资，所有这些都是为了更好地了解人们如何开展调查，与调查相关的需求是什么，以及如何提供最高质量的数据。我问马利，为什么在用户满意度和留存率已经很高的情况下，他的公司仍然在创新方面投资这么多？他指出，他的公司的使命就是帮助人们做出更好的决策，这是一个巨大的机遇，只要客户需求不断增长，而且有机会让人们更容易做出基于数据的重大决策，他的公司就应该继续投资创新，以便超越新用户和老用户的预期。

在过去的几年里，调查猴子公司宣布了两项重大的产品创新成果，一个名为“受众”系列产品（Audience），另一个名为“企业”系列产品（Enterprise）。

“受众”系列产品是基本型服务，可针对特定受众展开调查，采取人类学的做法进行产品管理，先观察会员的使用习惯，然后为会员提供便利。其产品经理发现，如果会员没有现成的调查对象样本，通常必须付费使用外在样本（这类样本通常符合特定的人口统计标准）。“受众”系列产品以平台自身的独特优势为基础，为会员设定的问卷调查寻找相应的受众。“受众”系列产品的开发者采取以下几个措施寻找问卷调查的受众以及吸引受众填写更多的调查问卷：

- 从过去的受众里面寻找符合满足客户需求的受众。
- 如果受众填了一个调查问卷，那么该公司就捐 50 美分给慈善事业，而不是直接发给受众，因为该公司不希望一些用户仅仅是为了赚钱而去胡乱填写这些问卷。
- 限制受众完成的调查问卷的数量，以保障数据的完整性。
- 鼓励客户把问卷调查设计得简短一些，以便让受访者能轻松完成。

“企业”系列产品是面向公司的服务，可在“受众”系列产品的基础上提供多账号管理、数据分析等功能。调查猴子公司在 2009 年由戈德堡执掌后，就开始进军公司业务。大型公司愿意花许多钱实现决策最优化。世界 500 强的大公司中，99% 的员工都使用过调查猴子公司的服务，因此将这些服务扩大，以满足整个公司的需求是很自然的发展趋势。惯常做法就是口碑营销，让其问卷调查平台在公司中的口碑越来越好。这项策略可以分为两个阶段。其一，努力解决公司在法务、财务和信息技术方面的难题，让同一家公司内的所有用户都能在同一个账号下开展工作。目前这个阶段已经完成。其二，它需要支持用户之间的协作，比如调查问题、调查结果和受众列表的共享。蒂姆·马利介绍说，这个阶段还在进行中，预计在这本书出版的时候就可以完成。

调查猴子公司发现了一些有利于用户互相协助的方法。比如，让用户通过共享调查问卷的方法，实现聚合数据的共享，或者为用户提供建议，使其在某些市场上做出更好的决策。它已经注意到许多“志同道合”的用户。比如，它注意到人力资源员工创建员工敬业度调查，教师创建家长反馈调查，产品营销人员创建客户满意度和忠诚度调查。该公司通过与人力资源经理协会和哈佛大学教育研究生院等团体合作，创建了高质量的、设计专业的调查模板，以满足这些细分市场的需求。它还使其用户能够轻松地与其他人（通常是同事或合作伙伴）分享他们的调查结果。

该公司通过发布 API 扩展了会员社区。API 意为“应用程序编程接口”，是一组用于访问基于网络的软件应用程序或网络工具的编程指令和标准。软件公司向公众发布其 API，以便其他软件开发人员能够设计由其服务提供支持的产品。在调查猴子公司这个案例中，该公司允许用户将其服务同用户使用的电子邮件营销应用程序、客户关系管理应用程序、事件管理应用程序等其他相关应用程序对接起来。该公司还发布了一个移动软件开发工具包，允许第三方开发者在他们的移动应用中构建应用程序。通过这些做法，它吸引了众多软件开发人员，并使它的平台更容易融入用户的日常活动。

促成不同软件之间的对接可能比较难处理，因为对用户来说，软件对接必须有价值，然而，如果没有够多的用户，就不会有价值。这是一个鸡生蛋、蛋生鸡的问题。要建立会员社群的好办法就是，最初给用户提供的价值不能依赖于社群本身。换句话讲，如同领英和慧俪轻体的会员一样（这两个案例研究分别于第十七章和第十九章详述），调查猴子公司的用户最初不必跟其他用户发生联系，就能取得该公司提供工具的价值。但是长久下来，随着社群规模日渐扩大，用户创作内容、分享建议和分享数据，能够为会员资格提供更高的附加值。也就是说，通过给予会员更多彼此协助的空间，调查猴子公司给会员创造了额外价值。

相比之下，Egnyte 作为一家文件共享服务供应商，从早期开始就融入了病毒式营销的元素，并利用与传统公司的合作关系来建立会员经济模式。

Egnyte：一边破坏市场，一边拓展合作伙伴关系

2007 年，当我第一次见到云存储服务商 Egnyte 的年轻创始人维尼特·贾恩（Vineet Jain）和拉杰什·拉姆（Rajesh Ram）时，他们正在筹措资金创业，全职从事咨询工作，养家糊口，并为实现自己的愿景谋求资金支持。他们希望在文件管理领域提供存储、共享和协作的复合型解决方案。[3] 与现有的云存储供应商不同的是，Egnyte 承诺支持本地存储、私有云与公有云的无缝整合。这种复合型解决方案允许公司将数据保存在本地或云中，具体存储位置

取决于相关文件的保密级别。他们的想法是可以为小公司提供一套完整的解决方案，这些小公司在存储和共享文件方面遇到了困难，而且没有全职的信息技术团队。

贾恩和拉姆努力推动存储行业的转型，给公司创造更多的选项。以前，公司为了存储数据，要么选择内部部署方案，内部建立一个服务器，把所有数据存到自己的服务器上，以便掌控一切，确保信息安全，要么选择比较灵活的云端部署方案，把所有数据存到云端服务器。但他们使得客户能够把那些比较敏感的、应该严格管理的信息存储在公司内部较为安全的服务器上，其他资料则存储在云端服务器上。正如首席执行官贾恩喜欢说的那样，仅靠云服务是不够的。与 Box、Dropbox 和 Google Drive 等规模更大的对手相比，这项差异只是让 Egnyte 与众不同的因素之一。正是这种差异吸引了硅谷一些最老练的投资者，包括凯鹏华盈、谷歌创投和北极星创投等，它们在该公司成立之初的几年内投资了 6200 多万美元。

Egnyte 的另一个主要差异化特征在于，它决定不将免费增值业务纳入其模式。虽然 Box 和 Dropbox 主要是通过它们的免费策略和公司消费者化策略发展起来的，但是 Egnyte 主要专注于服务公司。该公司提供免费试用，让潜在客户了解服务的价值，但不考虑服务免费用户，所以放弃免费增值模式带来的口碑效应。

相反，Egnyte 注重对合作伙伴计划的投资。它与公司内部储存服务器的供应商建立合作伙伴关系。这些合作伙伴关系对客户很有吸引力，因为这样既能为客户提供云端存储的便利，又不会让客户陷入选择窘境。结果，像 Netgear、Synology 和 NetApp 这些大型公司，能够维持同现有客户的关系，继续销售储存设备，而 Egnyte 得以接触到大型潜在客户。这种做法让彼此达成双赢。

截至 2014 年 5 月，Egnyte 拥有超过 200 名员工，在 4 万家公司拥有 110 万名用户。[4] 客户不仅包括最初锁定的小公司，还包括一些大公司，比如纳斯达克、家得宝、宜家和寇驰等。[5] 随着该公司继续投资于合作伙伴关系，有望最终从合作伙伴那里获得 70% 的收入，前景一片光明。首席执行官贾恩说："Egnyte 通过利用会员经济创造了一个非常成功的商业模式，这个模式的内容远不止销售额与经常性收入。我们雇用了一个帮助客户成功的团队，以确保我们和客户能够持续共同成长。我们的会员经济创造了一个根植于信任，共同追求成长与成功，而且互利共赢的关系。"[6]

Egnyte 利用其自身的成功，帮助其会员实现成功，它建立的模式为双方创造了共赢的结果。

我们能从这些模式中学到什么

通过建立复杂的订阅模式来吸引和留住忠实用户，这些数字原生代公司享受着可预测的、不断增长的现金流。此外，它们懂得善用用户的力量，在用户遍及公司内部的情况下，很容易让公司也成为用户（即公司消费者化策略）。为了吸引会员，公司必须使用免费增值（参考调查猴子公司的模式）或免费试用（参考 Egnyte 公司的模式），免费方案确实可以促进公司成长。我们也看到了公司如何在成长之际增加市场区隔。调查猴子公司从个人会员开始耕耘，逐渐打入公司市场。Egnyte 则从小公司会员开始耕耘，逐渐发展壮大，然后为更大规模的公司提供服务，并且善于利用合作伙伴关系，为客户提供全面的信息存储解决方案。

小结

增加价格分层，为会员提供更多选择。一旦提高当前产品的价格，很可能会引起现有用户反感，但新用户和现有用户都会以积极的视角去看待那些价格更高、好处更多的新产品。

只有当“免费”策略对公司自身的商业模式有积极影响时，才可使用。

根据服务级别和服务特征来区分服务级别，而不仅仅是根据用户的使用量。调查猴子公司之所以在调查中大幅增长，是因为受访者经常成为它的订阅用户。该公司着眼于自身利益，会尽可能多地寄出调查问卷，让更多合适的受访者参与调查。

考虑与你所在领域的其他公司建立合作关系，以此为客户提供他们真正需要的全面解决方案。

尽量保持目前的收费标准不变。在不给会员增加好处的情况下，很难提高订阅价格。

鼓励会员按年交费。虽然尝试不同的会费模式没什么坏处，但很多会员制公司发现，按年付费比按月付费对留住会员和增加营业收入的积极影响更明显。调查猴子公司和 Egnyte 公司都只提供年费模式。

特别注意计费系统。会员制公司每年都会流失许多用户，原因竟然是可以避免的支付问题，比如客户的信用卡过期或卡号发生了更改。此外，要提供用户喜欢的支付方式，并对本地用户的偏好保持敏感，让用户更方便支付和保持忠诚度。

积极创新，持续创新。与大多数公司一样，调查猴子公司和Egnyte公司也有财务目标要实现，但在这些约束条件下，这些公司大举投资，以保持平台在各个层面的创新，并持续监控客户满意度。

公司提供的价值要超出用户预期。当价值远远超过成本时，用户就会变得对价格不敏感，变得非常忠诚。

找出会员流失的早期迹象。用户流失可能是用户不满的滞后指标，但是有一些方法可以预测用户是否打算取消订阅（比如通过问卷调查的形式），这些迹象可能包括使用量急剧下降或者关闭自动更新功能。制订一个应对这些迹象的计划，在为时已晚之前赢回不满意的客户。

第十二章
在线社群给我们的启发

在线社群可能是最激进的会员经济组织。之所以这么说，是因为它不需要制造我们通常所讲的“产品”。如果非要说它有“产品”，那就是社群本身和社群成员创造的内容。

很重要的一点是，要明白创办这种组织、管理它、培育它健康成长有多么棘手。这些社群模式使用新的框架让我们同认识的人建立联系，并找到有共同兴趣的人为我们的生活增加价值。正如领英联合创始人、在线社群先锋艾伦·布鲁所言，“我们完全有理由相信，在线社群为人们提供了一条追求相同价值的捷径”。[1]

像默契网、领英和拼趣这样具有开创性的社区可以促使会员之间建立真实的关系，帮助会员释放出自己的价值，比如同别人分享自己的信息、见解和体验，这些都是会员自己提供的。在线社群的特点是让会员之间有能力实现灵活的点对点联系，创建并共享内容和产品，发掘以前没有的价值。如果没有这种在线社群，那么这些价值或许就永远被湮没在了门后、车库里和头脑中。这类会员经济组织就是拓展人际信任的基础设施。

人类擅长建立有助于增进信任和关系的基础设施。我天然地信任我的家人，信任我认识的人，也相信我信任的人向我强烈推荐的人。但如果没有法律、监管和安全方面的基础设施，我无法进一步扩大这种信任。

如果没有像道路和电线这样的实体基础设施，我就无法与人交流，无法进行基于信任的交易，即使我确实信任他们也没办法。比如，如果我搬到大洋彼岸，远离家人，无法跟家人沟通，无法转移资金或寄送包裹，那么我们的信任关系就发挥不了作用。

利用技术，我们可以在更大的范围内开展更好的沟通，而且我们相信技术能让这些社群得到一些保护，也能增进彼此的信任。现在，我们可能创造出 20 年前无法做到的信任关系。

在本章中，我们将探讨默契网、领英、拼趣等公司如何设计让会员建立关系的新做法，探讨它们在帮助会员建立新型关系的同时如何给会员提供适度的自由空间，以及如何释放尚未得到利用的价值。我们还将探讨很多组织在建立在线社群方面存在的机遇。会员经济组织不仅仅是在组织和会员之间建立双向沟通，还有许多前所未见的创举。

默契网：会员制是一件美好的事情

默契网最初只是一个叫“电子分类广告”（Electric Classifieds）的创业公司为了模仿报纸上的分类广告而设置的一个小版块，但它并没有采用传统上那种“以广告计费”的模式，而是采取了会员制模式。该网站后来的发展情况，大家都看到了。2013 年，该公司在北美拥有238万用户（较2012年增长了11%），营业收入超过7亿美元，号称是全球首家，也是最大的约会网站。[2]

1995年初，当创始团队刚刚确定业务模式时，一个关键的挑战是如何打造一个整洁、透明的约会平台。他们的策略是先吸引女性，相信男性随后也会效仿。当时，团队成员考虑用客户每发送一封电子邮件就收取10美分的模式，让人们互相联系，就像拨打900开头的付费电话的收费模式一样，这与传统的报纸广告收费模式没什么区别。该网站的联合创始人弗兰·迈尔（Fran Maier）当时刚刚辞去北加州AAA汽车俱乐部的会员营销总监一职。当时，超过2/3的司机的钱包里都有一张AAA卡，会员关系非常牢固，续费会员所占的比例极高。迈尔已经成为会员制的忠实信徒。“会员制是一种年费业务，非常强大。这是一件美好的事情。看看那些续费率就知道了。”[3]她认为默契网推出会员模式的决定是该公司走向成功的关键。

迈尔回忆说，她最初曾对着一屋子的男同事说，我们必须采用会员模式，没有女人喜欢别人斤斤计较。她在美国汽车协会的经历让她懂得了成为会员的好处。通过会员模式，默契网可以给会员提供专属服务，成为会员的心灵归宿，同时忠实地履行安全、匿名和有趣的品牌承诺。对公司来说，会员制意味着公司获得了经常性收入，也是一个易于实行的模式和提升服务水平的机会。虽然如今会员制已经成了在线约会网站普遍采用的模式，但在当时，这个决定具有开创意义。

当一个社群的目标是要让人们离开该社群时，那么留住会员就变成一件相当棘手的事。默契网大多数会员的目的是找到真爱，而一旦他们找到真爱，很可能会取消会员资格。但迈尔注意到，由于默契网和其他在线会员交友社群的出现，一些有趣的事情发生了。他们实际上有一个附加好处，让人们在物质世界中更社会化。迈尔说："约会的人越来越多，这意味着他们不必满足于已经认识的人。因为网上约会，现在人们约会的次数更多了。老实说，我觉得这个世界上少了很多孤独。"默契网通过会员模式扩大信任，建立了一个充满活力的模式，改变了单身人士交往的方式。默契网的会员制模式扩大了会员的信任范围，从而建立了一个活力十足的社群，改变了单身人士的交往方式。

默契网通过不断引进和获取新模式来保持其业务的新鲜感。收购对象包括美国在线旗下的人物传媒（People Media）、为年长单身人士提供服务的 BlackPeopleMeet.com 和 OurTime.com 等主要开辟利基市场的网站，以及 SinglesNet 和 OkCupid。

默契网还为自己的核心会员推出了新服务，比如 2012 年宣布的一个名为 Stir 的服务项目，为单身人士提供诸如快乐时光、烹饪课程和保龄球之夜等活动。会员经济依赖于信任。就像消费者说的那样，"我打算黏着你不放，但我期望你继续传递价值"。就是这种相互关系，让会员制这个模式如此美好。持续创新和发展，实现品牌承诺，一直是默契网实现成功的关键，跟领英一样，默契网也在不断增加自身提供的服务。

领英：借助免费增值模式避免鸡生蛋或蛋生鸡之类的问题

2014 年 8 月，专业社交网站领英在全球 200 多个国家或地区拥有了超过 3 亿用户，[4] 而在 9 年前只有大约 50 万用户。在几乎所有行业的专业协会和职能协会哀叹会员数量和参与度不断下降的同时，一个新的社区是如何成长起来的呢？

推动领英成功的引擎是免费增值模式。它欢迎每个人使用领英来存储和共享专业经验，拓展人脉网络，为用户持续提供了巨大的免费价值，这是免费增值服务的要求。

即便领英模式没有社群和社交网络等要素，但是有大量会员从加入领英的第一天起，就在这个网站上找到了价值。原因是，他们能用一种相当简单的方式在线上设计自己的简历。随着时间的推移，专业人士的广泛参与所产生的网络效应增加了社群的价值，成为个人在网络上发布目前工作状态和联络信息的一项工具。这也使得相当一部分有特殊需求的会员购买了高级会员资格。

在领英现有的专业人士网络中，绝大多数从未支付过任何费用。然而，正是这个网络社区的存在吸引了广泛的会员。某些专业的招聘人员和营销人员需要额外的服务，于是领英引入了不同层级的定价和服务来满足这些需求。一部分用户升级会员级别，更有效地享受增值服务，并利用不断拓展的人脉网络。

领英本身的结构充分利用了病毒式营销。它激励每位会员邀请自己社交网络中的人脉加入领英，让免费增值成为特别有效的营销利器。如同我在第八章所说的那样，当免费增值能创造病毒式营销、网络效应和增加销售这三个关键优势时，公司采取免费增值这种做法就是有意义的。许多公司没有了解到免费增值的一项重要标准就是免费增值模式必须能够带来实质价值，而不是为了强迫追加销售采取的一种幌子。

领英的宗旨是创造一种网络效应。换句话说，领英的用户越多，对现有会员的价值就越高。领英的领导团队花了很多心思来为绝大多数不花钱的会员提供重要的价值。他们还会考虑哪些服务可能会让付费会员觉得比较划算，并设置了付费墙，免费用户必须升级为付费用户才能突破付费墙，访问相关内容。

领英移动产品副总裁约夫·雷德芬（Joff Redfern）指出，该公司从一开始就将免费用户称作“会员”，把用户放在第一位，这一点超过了其他大多数公司。它的领导团队还花了大量的时间思考它的服务所处的社会制度。他强调说领英员工之间弥漫着强烈的会员文化，指出“我们的文化是会员至上，我们愿意牺牲一部分收入去为会员创造更好的体验”。[5]

领英前不久发布的一个名为“Galene”的产品，体现了它为改善会员体验而付出的努力，标志着一项长达一年的努力结出了硕果。这个产品是领英的搜索引擎，旨在帮助会员“收集世界上所有的经济数据，制作出世界上第一张经济图表”。Galene大大减少了用户浏览的页面数量，这当然意味着领英的盈利会减少，但领英的团队知道新设计更适合提升用户的整体体验。雷德芬说：“拥有如此强大的会员文化，我们就能更快地找到正确答案。会员至上根植于我们的文化中，评价一个产品的过程，无论是大家随意聊天，还是高管正式批准，都彰显了这种文化。”

领英就是利用免费会员资格这一核心引擎来建立庞大创收业务的典型例子。在这种情况下，这种收入模式带来了足够的刺激，领英在公开上市第一天，市值就突破了 84 亿美元。该公司预计 2014 年的营业收入将超过 20 亿美元。[6]

拼趣：利用社群力量促成新的搜索方式

拼趣是通过建立线上社群创造价值的另一家数字原生代公司。虽然跟默契网和领英相比，拼趣算是会员经济的新加入者，但它迅速打造出了一个庞大而活跃的社群。

拼趣最初是一个带有社交网络元素的在线社区。会员可以把自认为重要的内容“钉”到个人钉板上，这些内容和钉板是可搜索的，为会员提供了一个有趣的、令人上瘾的搜索方式，从食谱到灵感到旅行攻略，无所不包，可以在近乎无限的主题的钉板中寻找灵感和想法，整个体验既简单有趣又直观。

拼趣在 2010 年刚创立时，只是一个大家分享和探索灵感的社群，是一个让人表现自我的地方，也是个人储存相关内容的宝库。起初，必须通过现有会员邀请或向拼趣公司申请才能加入。后来，拼趣变成一个开放社群，任何人都可以加入。目前，拼趣的会员有公司也有个人，大家都在自己的钉板上发布信息，也在别人的钉板上留言。拼趣产品设计与研究负责人鲍伯・巴克斯利（Bob

Baxley）指出："虽然大家很容易仅仅把拼趣当成另一个社交网络，但重要的是，要注意到，拼趣也是线上视觉发现和搜索的领跑者。"[7]

今天，拼趣积累了大量数据，以至于观察人士表示它可以与谷歌竞争。这种搜索的驱动力是会员在钉板上发布的与人类生活有关的所有内容，会员们不仅在钉板上钉内容，还给它们贴上标签。因此，搜索体验比其他搜索引擎更好。会员们可以使用自己觉得有意义的关键词，为人们如何看待一项事物提供有价值的参考意见。从观点相近的人那里得到推荐是很理想的事情，而且这些与你观点相近的人不一定是你的朋友，这真是非常奇妙的事情。拼趣网是一个基于兴趣发展起来的网络，而不是基于预先存在的关系。

拼趣曾经是一个古怪的在线社区，近 70% 的会员是女性，大部分会员是美国人，分享的无非是菜谱、鼓舞人心的名言和房间装饰技巧。但如今，它正在向成为谷歌的强大竞争对手进化。[8]它将全球扩张和性别平衡放在了优先位置。

拼趣试图创造更好的用户体验，这种体验超越了普通意义上的在线社群的发现和共享功能，它升级成了帮助人们找到他们真正想要的内容的入口。谷歌只能依赖冷冰冰的数据来确定哪些内容可能对搜索者重要，而拼趣网这个数据库里面全都是用户觉得重要的内容。

拼趣正迅速成为网络流量的关键推介来源，在社交网络中仅落后于脸书（但它远远落后于脸书，脸书占据推介流量的 67%，而拼趣只有 10.4%)。[9] 对于免费的社交网络，这个统计数据是至关重要的，因为它显示了这个社交网络的广告潜力，最终是广告收入在支撑着这些公司。

拼趣面临的挑战包括为会员提供一个更加简洁明了的入门体验，吸引更多的男性会员，帮助会员找到他们想买的东西。会员可以不用谷歌搜索自己想买的东西，而是利用拼趣的会员社群以及会员展现的智慧去搜索。拼趣希望与会员建立长期的合作关系，虽然你的兴趣会随着时间的推移而改变，但它可以通过会员社群继续满足你的兴趣。

从文化的角度来看，拼趣是几个著名的会员经济组织架构的混合体。它的创始人来自脸书和谷歌，前者以“大胆尝试”的公司文化而闻名，后者侧重于大数据和分析。最近，他们开始从苹果公司挖人，试图吸收设计方面的专业人才，以便创造更好的用户体验，帮助会员去发现和搜索。

正如从苹果公司离职加盟拼趣的巴克斯利告诉我的那样，人们很容易把拼趣想象成另一个普通的社交网络，但你必须在更大的程度上将其视为一款搜索工具。如果谷歌是依据搜索词进行搜索的，那么拼趣就是依据兴趣进行搜索的，而后者对会员来说才更有益。想到会员制的搜索体验，就让人觉得很美好。

基于会员社群的搜索体验是很有趣的。拼趣搜索之所以出色，部分原因在于所有图片带来的视觉元素，另一部分原因在于网络环境让人有归属感。

我们从线上社群模式中学到的经验

会员经济的核心在于了解会员需求。通过注册环节，我们可以收集关于会员的数据，为会员提供个性化体验，而匿名状态的用户则享受不到这种体验。正如领英的约夫·雷德芬所说，如果我们能识别出你的身份，我们就能提供个性化服务，创造更好的体验。

人们想要与别人建立联系，想要与他人分享和互动，而数字世界为他们提供了一种更快、更有效的建立关系的方式。如同农民种地一样，一家会员制公司想要实现增长，必须先做一些基础性的架构工作，比如耕耘土地、播种，然后保护幼苗免受天敌的侵害，但是会员制公司的发展在很大程度上都是通过会员社群的努力实现的。如果你为个人提供基础架构，使他们能够建立联系，并帮助他们构建帮助自己和他人的行为，那么就有巨大的潜力使人们能够共享思想、内容和产品。如果没有这种基础架构，这些思想等可能不会得到充分利用。

然而，正如我们在第六章中关于 Mixx 的案例中看到的那样，为会员提供过多的自由存在风险。任何社区都需要有安全阀来保护个人不受不良行为影响。一个在线社群可以加速一个组织实现目标，甚至是最高目标的能力。

小结

促进组织和会员之间持续的双向对话，并通过会员之间的共享提供价值。

建立长期的关系。一旦你有了一个会员，你希望他永远和你在一起。

通过强大的基础架构，支持会员之间共享信息，从而释放更大的价值。

要知道，人们对归属感、友谊和社群的需求可以在网上得到满足，有时比在现实世界中更好。

通过数字基础设施支持社群的现实需求。

愿意随着时间的推移为会员提供更多的利益，以实现品牌承诺。

第十三章
忠诚度提升计划

一家公司最忠诚的客户贡献了其绝大部分营业收入和利润。2013 年，营销专家公司网站上的一篇文章证实了大多数商业领袖都知道的一件事：拜访过一家公司至少 10 次的客户，他们中约 20% 的人贡献了公司总收入的 80%，其访问次数占公司总访问次数的 72%。[1] 最忠诚的客户对价格不那么敏感，更有可能接受高价，而且更有可能为公司做口碑传播（这个可能性比其他不那么忠诚的客户高 70%）。

没有人怀疑这一点。忠诚客户真的很重要。毕竟，忠诚度提升计划无处不在。我们的钥匙环上都挂着、钱包里都塞着超市、加油站、咖啡店、餐馆、办公用品商店、航空公司、酒店等发给我们的会员卡。科技咨询公司（Technology Advice）最近的一份报告显示，多数美国消费者（57%）都加入了某家公司的忠诚度提升计划（有的持有会员卡，有的是电子会员卡），以获得产品和服务的折扣。[2]

一个理想的忠诚度提升计划可缩小交易型组织与会员制组织之间的差距，改变消费行为，建立品牌忠诚度，提升客户终生价值。如果操作得当，这样的方案可以成为交易型组织涉足会员经济的一个简单且有利可图的起点。

最基本的忠诚度提升计划就是打孔卡，只跟踪客户的造访次数和购买次数。当你积累了一定数量的孔洞之后，就会得到一块免费的饼干、一杯咖啡或者一个折扣。如今的许多忠诚度提升计划要复杂得多，通常跟踪三大类数据：

- 人口统计学数据（年龄、性别、职业、收入、地区等）。
- 心理数据（偏好、心态、兴趣等）。
- 行为数据（购买频率、购买种类、消费预算、对营销活动的反应等）。

比如，凯撒娱乐公司可能会追踪会员如何使用在线服务、访问不同地点的频率、从事什么活动、待在酒店多长时间以及花了多少钱。它还跟踪他们的偏好和人口统计学数据。

所有这些数据在给每个会员“画像”时都是有用的，可用于回应投诉、报价、奖励和改进产品。要与人建立牢固持久的关系，重要的是要真正了解他们，而这些数据让组织真正了解他们的会员。追踪会员行为可以为会员提供更好的体验，允许组织了解会员的行为方式，从而使组织在他们的心中更有价值。

对于大多数组织的忠诚度提升计划，我并不是它们的粉丝。虽然这些组织称呼客户为会员，能叫出他们的名字，并与他们保持持续的、正式的关系（以折扣换取客户参与的数量和频率），但其忠诚度提升计划通常更像是一种营销策略，而不是真正意义上

一些忠诚度提升计划通常更像是一种营销策略，而不是真正意义上的会员经济商业模式的核心要素。

的会员经济商业模式的核心要素。

会员经济不仅仅意味着一种营销策略，更意味着整个组织要围绕改善客户关系而建立起来。一些公司的忠诚度提升计划颇有亮点。比如，星巴克和凯撒娱乐等公司的忠诚度提升计划确实让自己与众不同。客户忠诚度应用软件 Punchcard 和餐厅订位网站 OpenTable 这样的公司也为会员提供了一个实施忠诚度提升计划的平台。所有这些公司都在运用自己搜集和分析的数据为会员提供更多的好处，并让会员感觉与品牌的联系更加紧密，这是非会员体会不到的。这是值得其他组织学习的。这里的技巧可以帮助组织强化它们现有的忠诚度提升计划。

忠诚度提升计划无处不在。最好的情况是，这些方案能识别出最忠诚客户的个性，并把他们当作整个公司的重要组成部分，将其视为自己人。然而，绝大多数公司的忠诚度提升计划与其竞争对手的忠诚度提升计划并没有什么区别。很多公司只是将忠诚度提升计划当成众多营销策略的一个选项，却没想到是为其业务模式添加独特元素的机会。

下面我们来看一看星巴克、凯撒娱乐公司和 Punchcard 使用的创新元素，以及联合航空自 1979 年推出毫无特色的忠诚度提升计划以来遇到的一些困境。

星巴克：为品牌打造一些独特元素

星巴克董事局前主席、首席执行官霍华德·舒尔茨（Howard Schultz）在其自传《将心注入》（*Pour Your Heart into It*）这本书中写道："无论做什么，都不要畏首畏尾。不要根据别人的做法亦步亦趋，不要试图迎合体制。如果处处迎合别人对你的期望，你的成就便永远不会超过别人的预期。"[3]

当星巴克开始创建忠诚度提升计划时，要确保它与星巴克的核心理念相一致，并进一步扩展核心理念。这些理念包括：一个良好的环境，全世界所有门店的咖啡和食品要保持一致的水准，给客户创造一致的体验。

星巴克的最终目标不仅仅是销售咖啡。它还希望在全球范围内提供一种令人惊叹的一致体验，创造除家庭和工作单位之外第三个令人花费大量时间的地方。星巴克希望增加客户的访问次数，希望客户与该品牌有更多接触。星巴克的忠诚度提升计划的特色无非是多给客户一点好处。客户已经到店消费了，但如果成为会员，就能得到更多个性化的好处，比如专属优惠、折扣和优先购买产品的权利。

星巴克做的一件非常聪明的事情就是使用非常别致、广受欢迎的礼品卡，作为忠诚度提升计划的一个特色。它鼓励所有持卡人在线注册。注册后，他们就可以尽享忠诚度提升计划的好处。但很多人会继续使用实物的会员卡，因为上面的艺术设计令人眼前一亮，而且在不断变化。很多人（包括我）为了获得这种个性化的金卡，会特意去积累 30 颗星星。这种金卡不仅外观看起来非常酷，还能给持卡者带来很多好处，包括免费续杯、免费糖浆和定期获得其他免费赠品。

大部分的忠诚度提升计划可谓大同小异，基本前提都是客户的消费金额或消费次数必须达到一定门槛才能享受优惠，但星巴克突破传统，做了一些创新。

- 卡片本身就很有看头。星巴克发行了数百种会员卡，每种卡片本身都很有吸引力。当你升级为金卡会员后，星巴克会寄给你一张金卡，上面烫金凸印着你的名字。它真的很漂亮，让你觉得自己很特别。我就有这种感觉。我叫罗伯塔，昵称是罗比，这个昵称简直太常见了，好像人人都在用，但在星巴克这种地方，不认识我的人看到我的会员卡上的名字之后，都会直接称呼我萝比，这种感觉真的非常好。
- 卡片结合支付功能。有别于老式的打孔卡，星巴克的会员卡常以礼品卡的形式推出，持卡会员在星巴克官网注册后，便有了个人线上账户，可利用电子钱包功能或在注册时帮卡片储值。这张卡究竟有什么了不起呢？首先，会员省去了携带多张卡片的烦恼，只需一张会员卡就全场通用了，不必再掏出信用卡或现金。另外，更重要的一点是会员卡可作为吸引新会员的手段，持续不断招揽新用户。就算卡片不在身上也能行使卡片权益，只要用手机下载星巴克的移动应用程序即可，用手机付款更便捷。

- 卡片使用方便且回馈方式简单。很多忠诚度提升计划缺乏亮点，星巴克的方案却是一贯地面面俱到，对会员的回馈很大方，而且会员兑现起来也很轻松。忠诚度提升计划失败的原因常常就是过于复杂，这样很容易把事情搞砸。星巴克的高明之处在于它简化了忠诚度提升计划，消除了与客户之间的潜在摩擦，能给客户带来积极体验。

如果你想让自己的忠诚度提升计划给客户创造良好的体验，那么你需要追踪很多方面的信息，比如用户的行为、偏好和地位，然后，在理想的情况下，提供定制化的体验，让用户觉得自己与众不同。说起来容易，做起来难，而且如果一个计划实施得不成功，客户很快就会选择放弃。美国家庭平均积极参与 8~9 个不同的忠诚度提升计划。[4] 所以，忠诚度提升计划的结构、回馈兑现流程及卡片储值方式全都得简单明了，给予的优惠必须大到让持卡人觉得努力消费是值得的。

与星巴克不同的是，凯撒娱乐公司建立了一个复杂得多的忠诚度提升计划，但随着该公司不断增长，并根据其会员的需求做出改变，这一计划竟然也取得了惊人的效果。

凯撒娱乐公司：一切以会员为中心

凯撒娱乐公司利用其名为 TotalRewards 的忠诚奖励计划，将博彩业务打造成了会员制经济的明星。这个计划是凯撒娱乐的前身——哈拉斯娱乐公司在 1997 年推出的名为“真金白银”（Total Gold）的忠诚度提升计划。2005 年，哈拉斯兼并了凯撒公司旗下的 17 家赌场，在整个集团范围实施 TotalRewards 忠诚奖励计划。弗雷斯特研究公司（Forrester）首席分析师大卫·弗兰克兰经常将凯撒娱乐的 TotalRewards 计划看作博彩行业忠诚度提升计划的典范。[5]

哈拉斯的首席营销官大卫·诺顿（David Norton）以前在美国运通工作，这是一家很擅长实施忠诚度提升计划的公司（我们将在第十四章中谈到）。他于 1998 年加入哈拉斯，负责改善客户关系。

凯撒娱乐的忠诚奖励计划之所以能够取得成功，原因有很多，首先是整个公司都是围绕客户关系建立的。该公司使用复杂的数据进行分析和追踪，细分其会员类别，并把这些数据作为价格制定、服务设计、客户体验和运营决策的基础。

2012 年，凯撒娱乐推出了改进版的忠诚奖励计划，加大了在技术、分析和员工培训方面的投资。[6] 该公司将对员工的业绩和奖金的考核，与员工能促使多少会员升级，能挽留多少会员，以及表现出多强的敬业精神挂钩。这些指标的考核之所以具有现实可能性，部分原因在于该公司用复杂的技术构建的基础架构。

在 2012 年推出新版忠诚奖励计划之后的一年内，凯撒娱乐公司的会员数量增加了 20%（之前是 4000 万人），旗下零售和餐饮业务的销售额翻了一番。

凯撒娱乐公司不仅将自己视为一家博彩公司，还将自己视为一家娱乐公司。它把会员细分为不同类别，为不同类别提供不同的好处和优惠。它借助数据来确定会员喜欢喝什么样的葡萄酒、喜欢住什么位置的房间以及喜欢使用酒店的哪些设施。管理层授权一线员工成为“东道主”，而一线员工借助相关数据让会员感受到特殊礼遇。这一点至关重要，因为太多公司的忠诚度提升计划根本不注重与会员建立密切关系，无非是提供一点折扣，鼓励客户加入形形色色的忠诚度提升计划以增加积分。

管理层授权一线员工成为“东道主”，而一线员工借助相关数据让会员感受到特殊礼遇。

凯撒娱乐公司的忠诚奖励计划的重要之处在于，它远不止折扣，还包括赋权给一线员工，让他们以东道主的身份给会员提供定制化的特殊礼遇，让会员产生一种得到高度认可的感觉。

该公司的规模和复杂的策略，使其建立了一个高度定制化的忠诚奖励计划，真正为最忠诚的会员提供了独特的经验。

运用 Punchcard 打造会员关系

与此同时，硅谷初创公司 Punchcard 建立了一个在线平台，专门为商户提供数字积分系统，消费者到任何餐厅就餐后都可以获得积分，并允许餐厅在这个平台上为忠诚的会员提供优惠，与客户建立持久的关系。即使是小公司也有机会在这个平台上找到最忠实的客户，并为他们提供特殊的福利、回访和服务。

Punchcard 网站声称，“这是一款当地的购物应用，你在任

一个和竞争对手一模一样的忠诚度提升计划，根本就不是一个真正的忠诚度提升计划。

何购物的地方都能获得个性化的奖励。只要在当地的商店购物，完成交易后，通过Punchcard应用程序拍一张你的收据照片并上传，帮商家打卡，积累到一定的点数之后，就能获得免费奖励”。

Punchcard的独特之处在于，它的技术为许多公司搭建了一个平台，让这些公司实施专业化和差异化的忠诚度提升计划。这一点很关键，因为通过这个统一的界面，客户可以很容易地发现、跟踪和兑换奖励。有了这个平台，即使是小零售商，也可以很容易地参与忠诚度提升计划。

常旅客计划的普及给美国联合航空公司带来的挑战

当美国联合航空公司推出“常旅客”计划时，这种计划在航空业还不普遍，凸显了这家公司与其他航空公司的不同之处。现在，这种常旅客计划已经非常普遍了，而且不会令消费者感到意外。虽然旅行者一般只会加入一两家航空公司的常旅客计划，但他们在选择乘坐哪家航空公司的航班出行时往往不是根据最佳体验做决定的。事实上，旅客们通常根据航空枢纽和飞行路线的便利性来选择。这些常旅客计划的运行成本很高，而且不会将一家航空公司与另一家区分开来，因此航空公司对这些计划的成本非常敏感，这导致许多出行频繁的旅行者虽然使用这些常旅客计划，但对这些计划没什么好感。

航空公司的例子表明其常旅客计划并不是留住客户忠诚度的吸铁石。即使你和一些已经达到较高会员级别的人聊一聊，他们也可能会告诉你说他们并不真的喜欢自己选择的航空公司，希望有更好的选择。你应该不想从你最忠诚的会员口中听到这些话吧？

我们能从忠诚度提升计划中学到什么

忠诚度提升计划的作用可能很强大，但不能千篇一律，要有差异性，否则它们就只是供人随意勾选的选项之一，没有真正创造价值。忠诚度提升计划有可能变成货真价实的会员经济模式，但它需要不断创新。

小结

大多数会员对他们的忠诚度提升计划没有归属感。虽然会员们喜欢这些计划带来的福利，但许多人表示他们认为忠诚度提升计划是一种噱头，而不是建立会员资格的真正方式。

真正的忠诚度提升计划不仅仅是持续提供折扣，引诱会员去购物，还应该表现出对会员本人或对某件事的强烈支持，不要让会员觉得公司只在意他们买了多少，再拿免费赠品随便打发他们。

忠诚度提升计划要发挥创意，看看星巴克、凯撒娱乐公司和 Punchcard 就知道了。

掌握客户的数据是一种竞争优势，但你需要将重点放在创造个性化的客户体验和业务评价标准上。

当你把改善同会员的关系放在一切事务的中心时，好事就会发生。

会员对定制化的体验和提议反应良好，很满意自己享有的特殊礼遇。

忠于你的品牌承诺。

充分授权给一线员工，因为会员们都希望得到认可。

记住，别人会模仿你，所以保持创新很重要。

第十四章
传统的会员经济公司

长期以来，有些公司即使核心业务不是数字技术，也一直在创造性地、积极地考虑采取会员制。我之所以把它们包括在内，是因为这些会员制经济组织引领潮流，经受住了时间的考验，它们常常在熙熙攘攘、错综复杂、竞争激烈的市场上与其他公司展开角逐。

重要的是要记住，会员制并不是一个新概念，私营公司从会员制模式中获益也不是什么新鲜事。它们在一些事情上做得非常好，比如建立一个强大的品牌，围绕会员不断变化的需求持续创新服务，同时坚守品牌承诺。与采用忠诚度提升计划的公司不同，本章所讨论的会员制公司完全以会员为中心。

我们可以从美国运通和 T-Mobile 这两家公司身上学到什么是成熟的会员制公司。我们还将看到当一个组织及时回应其会员不断变化的需求时，会员经济模式就能实现良性改进。

美国运通：服务顶级会员，也为其他层级的客户量身打造服务

自 1958 年推出第一张会员卡以来，美国运通一直与会员制密

不可分。美国运通的大多数会员都喜欢使用自己的会员卡。他们记得自己刚刚拿到卡片的时候，觉得自己的地位比别人高了一等。这说明美国运通的会员制模式对会员始终有难以抗拒的吸引力，关键在于这样的模式满足了人类强大的欲望，比如被接纳和树立威信的欲望。

美国运通自推出其第一张签账卡，并且使其定价高于“餐车俱乐部”的会员卡时，它就一直称客户为会员，并专注于为他们提供特殊礼遇。美国运通负责公共事务的副总裁伊丽莎白·克罗斯塔说，会员制以及为会员提供服务的理念是公司一切行为的核心。他解释说，美国运通之所以称其会员为“卡友”，而非“持卡人”，是因为“他们是公司的会员，而会员身份使他们能够享受到业内其他公司无法比拟的优质服务”。[1]

不同公司的会员制有不同的特色。会员制展现特色的方式也慢慢发生了变化。美国运通在1986—1991年打出了一个广告，喊出“会员享有特殊待遇”，至今他们仍在沿用这个理念。有时候，这个口号似乎令人觉得该公司仅仅聚焦于高端客户，但今天它专注于成为一个更具包容性、更受欢迎的品牌，为更广泛的客户提供更优质的服务，大大拓展了信用卡最初的愿景。这并不意味着它改变了遴选会员的标准。事实上，美国运通的谨慎和负责的态度一直没有改变。它只是开发全新的产品和服务，招徕新的客户群体，这些消费者或许做梦都想不到，美国运通竟然有替他们量身打造的服务，最好的例子就是美国运通发行的EveryDay系列信用卡。

美国运通的客户忠诚度很高，但它需要获得新的细分市场，才能成长并保持品牌地位。

这个系列的信用卡属于入门级，主要面向那些身兼数职，需要平衡工作、个人生活和家庭生活的群体，其中最典型的莫过于养育孩子的职业女性。如果这类客户申请这个系列的信用卡，美国运通会慷慨批准，但他们中有些人并不认为这种卡适合自己。他们认为美国运通只适合经常旅行或购买大宗商品的人。美国运通与这些客户进行了交谈，了解了他们想从卡片中得到什么，并专门制作了一张卡片来满足他们的需求。

美国运通的会员制度总是与众不同：从拿到卡片的第一天起，你就是美国运通会员，这个会员资格成了你的护身符，在你危急的时候，有这么大的公司做你的后盾，给你提供保护和帮助。持卡人的会员福利根植于服务，美国运通不仅仅是一家金融服务公司，还是全方位的服务型公司，它在开发新商品的同时，也持续不断地推出前所未有的服务会员之道。时至今日，美国运通的产品功能多样，有便于旅行、购物优惠、返现等好处，满足具有不同生活方式和不同喜好的消费者。美国运通的业务这些年来多有变化，唯一不变的是将客户摆在第一位。

美国运通面临的最大挑战是如何将成为会员的好处传达给尚未体验过的人。虽然客户的忠诚度高，美国运通仍需要开拓新市场，以扩大版图，并维持品牌地位。

为此，美国运通不惜投入巨资推出全新的会员体验。举例来说，美国运通发起赞助“小商家星期六”活动，打造了专门面向小型商家的购物节，与全美大型零售商传统的“黑色星期五”活动有异曲同工之妙。美国运通于 2010 年在美国开展这项创举，以协助饱受经济衰退打击的小商家重新站起来。这些做小本生意的商家表示，他们要的不只是资金，还需要吸引更多客户上门来帮他们重新振作起来。美国运通的创举带给其他国家灵感，英国、加拿大和澳大利亚也有人受到启发，卖力推广，俨然成了一场全球运动。最重要的是，如今不只有美国运通投入该项运动，全美数千个社区及市长、州长等政府官员都热烈响应，就连美国时任总统奥巴马也参与进来，在“小商家星期六”这一天带着两个女儿光顾华盛顿附近的商家，以此展现他对当地商店的支持。美国运通借助这项运动唤醒了消费者，使其意识到小商家在他们当地社区扮演着多么重要的角色。

美国运通还投入资金去吸引那些传统上没资格从银行获得信贷的穷人，持之以恒地为他们提供服务和支持。它主要提供两种产品来吸引这个贫穷群体加入自己的会员社群。

第一种产品是 Serve 预付卡，可重复充值，充值以后就可以拿来消费，而且能收到跟信用卡一样的保障与好处，比如返现和赚取里程数等，这个系列的储值卡旨在为美国 6800 万无法申请银行信用卡的穷人提供另一种资金解决方案。历史上，这部分人不得不求助于在经济上很不划算的贷款方案，收费高，服务差，其中包括所谓的发薪日贷款（payday loan），即一种供贷款人在下一次发薪之前临时急用的小额短期贷款。美国运通的这种卡费是每月一美元，但在很多条件下可以免缴。[1]

第二种产品是与沃尔玛联合推出的 Bluebird 预付卡，也可重复充值。用户可在沃尔玛超市付款、充值或提款，也可凭卡开支票。这种卡对某些自动取款机的交易收取两美元的费用，但不收取预付卡的其他费用。

美国运通是会员制的模范品牌。它坚持通过不断创新和寻找新的服务方式，认真对待给所有会员做出的正式承诺。

另一家在错综复杂且竞争激烈的市场上角逐的大公司是 T-Mobile。它的历史并不像美国运通那样悠久，但它确实在一个对手众多、已经成熟的市场上发挥着自己的作用。它并不单纯地追求商业利益，而是逐渐在负面新闻层出不穷的电信运营商中崛起，成为最受消费者青睐的运营商。

T-Mobile：行业颠覆者

T-Mobile 公司往往根据产品的价值进行定价。2011 年，它推出了平板电脑的资费方案，测试一下市场反应。公司高层知道客户不喜欢被合约束缚，便推出了按月计费的合约，开创了行业先锋。这种资费方案是为了吸引以下三个客户群：需要上网的家庭；社交控，也就是主要为了社交而上网的 20 岁左右的年轻人；有抱

① Serve 是一个类似支付宝的以货币托管为主的支付平台，但用户会持有一个实体卡，用户绑定自己的借记卡账号后，就可以直接给自己的 Serve 账号充值，然后可用于消费、转账或提现，并像信用卡用户那样享有折扣、返现等优惠。——译者注

负的技术爱好者（二三十岁的年轻人，喜欢科技产品，但负担不起，不得不晚些时候再用）。

有办法简化定价方案来吸引这些群体吗？在为 T-Mobile 宽带制定品牌定位策略时，LCP 咨询公司的林赛·佩德森采访了一些人，以确定他们想要怎样付费以及需要多少流量。

结果她取得了惊人发现，60 位受访者异口同声地表示，他们偏爱“任你吃”方案。表面来看，这种行为完全失去理性，但从大家喜欢到赌城拉斯韦加斯享用自助餐吃到饱便不难理解，T-Mobile 的消费者就爱这种随意通话、无限上网的好处，不必担心流量超出限额，从而体会到物超所值的快感。

佩德森回想这段经历时指出：“我最后建议的品牌定位是无论在何地都能随心所欲与外界保持充分联系，直到今日这仍被 T-Mobile 宽带采用。如文案所写的那样，你去哪里生活，都有网络相伴，这就是自由。”[2] 对 T-Mobile 而言，这是它成为现代最出色的电信公司的重要一步。

很多电信公司为了要求客户忠于自己，强迫他们签订长达两年的合约，这是不合理的，而 T-Mobile 没有这么做，它正在改变整个电信行业。这样做的目的是解放客户，让他们在自愿的前提下表现出忠诚。该公司相信这会真正催生永远的交易。

这种转变从高层开始，由新任首席执行官约翰·莱格尔（John Legere）大胆领导。想到今天的无线通信公司和先进的技术时，你很容易忘记它们是从古老的公用事业发展起来的。无线通信公司曾经是大型垄断公司，但如今它们也学会了如何善待自己的客户。

所有主流的运营商都知道自己的客户不喜欢合同，但是当莱格尔接管 T-Mobile 时，T-Mobile 正处于一个可怕的境地，董事会给了他充分的自由空间，使其勇于承担一些重大风险。

莱格尔给他的团队成员提出了一个挑战，要求他们将自己视为目标客户。

我与 T-Mobile 的营销总监伊尼科·巴希利奥（Iniko Basilio）谈过是什么推动了公司的这种转向。他告诉我，他认为这是因为该公司不再将回应竞争对手作为工作重心。相反，它开始注重基础的东西，也就是专注于服务自己的客户。是什么困扰着客户呢？"如果你是一个刚刚来到地球的外星人，你会怎么看待美国无线通信产业对待消费者的方式？"[3]

T-Mobile 宣称自己的使命是"帮助客户同他们最关心的人和最关心的事物建立更丰富的关系和网络"，但它提供的服务与这个使命不相符。既然客户想要更频繁地升级自己的手机，那么运营商为什么要求客户在购买一部新手机时必须签两年的合约呢？如果消费者想在 6 个月后淘汰旧手机，换个新手机，为什么要强迫他们买一部有补贴的手机并坚持使用呢？ T-Mobile 的营销部门提出了一个非常激进的想法：如果我们放弃合约，不捆绑客户，结果会怎样？毕竟，如果客户不满意，无论如何他们都会想办法离开你！在 T-Mobile 废除合约的同时，还简化了客户的购买流程。当时，客户走进 T-Mobile 零售店，面对太多的价格和费率，会感到眼花缭乱。这种复杂性让客户产生了不愉快，把选择合适的方案变成了一项苦差事。因此，该公司让定价变得简单：无论客户选择哪一种费率方案，T-Mobile 都提供无限制的通话时长和短信数量，唯一的区别是客户最关心、最需要的高速上网流量不同。

这样一来，T-Mobile 变得很有创意，颠覆了行业模式，让会员们喜欢上了这家公司。员工获得了充分授权，可以自由地做出必要的变通，给客户提供真正的服务。巴希利奥回忆说，这一次变革对员工来说是一种解放，因为他们最终可以专注于同客户建立长期关系，而不是不停地问："天哪，Verizon 又搞了什么活动？我们要做出回应。"

T-Mobile 公司与会员之间的关系，从公司内部的团队管理方式上可见一斑。该公司的团队成员可以提出自己的想法，与同一团队的其他会员激烈地辩论，一旦团队做出决定，所有团队成员就会完全一致地去落实。一旦你做出了超出自己立场的决定，你们就会成为一个团结的团队，而不是一个离心离德的团队。

巴希利奥承认偶尔会出现一些团队成员因为放弃个人想法而感到沮丧的情况，因为员工们非常热情，相信自己的解决方案最好。但他认为，大多数时候，整个组织的重点是识别对客户而言最重要的痛点，然后用相关方案解决痛点。这是一个以客户为中心的营销人员的理想环境。他热爱的公司文化会专注于对的事，把全部心思放在会员身上，而且公司从上到下都热切地想了解会员的痛处。他说："我们不是非要把客户的所有问题全部解决掉，只是谦逊地帮助客户解决他们认为重要的问题，他们的问题就是我们的问题。"

T-Mobile 并非颠覆了电信行业的所有模式和流程，这家电信巨头依然保留着数据导向和分析客户的传统，还是会开一大堆的会，大家围着白板规划业务目标及流程。有时，短期内最成功的策略，从长期来看未必是最好的。如今 T-Mobile 上上下下所有人都受到鼓励，不妨冒点风险，凡事从大处着眼。

有时，短期内最成功的策略，从长期来看未必是最好的。

不同的客户有不同的需求。运营商需要面对小企业主、家庭、只需要单一产品的人、游戏玩家、旅行者等形形色色的客户，需要触及数百个利基市场。即便市场碎片化严重，运营商要是不及时回应，就可能蒙受损失。大多数运营商都专注于通过价格这一简单的手段获取客户。但留住客户变得越来越难，因为如果不把重点放在吸引合适的客户上，以价格去吸引客户则更像是一个漏斗，新增的客户也可能流失。

T-Mobile 从客户初次接触自己的那一刻起，就试图向客户展示它的服务如何与众不同。该公司实施了一项客户回访计划，为客户开通售后服务，在最初达成交易两周后会回访客户。这些回访电话非但没有被客户视为骚扰电话，反而促使客户更多地前往该公司的门店，要求新增功能，或者排除故障，或者购买额外的配件或保险。T-Mobile 开通售后服务电话，不仅可以提高客户的满意度，还能给公司带来可观的收入。门店成了加强公司与客户关系的地方，员工不再只是被动地接受订单，而是变成了服务客户、帮助客户取得成功的公司代表。

T-Mobile 的客户超过 5000 万，但仍比它的三个竞争对手要少。[4] 移动通信市场规模庞大，但已经饱和，竞争激烈。在美国，10 岁以上的人基本上都有手机。谁想巩固市场地位，就只能把对手流失的客户抢过来，有效的做法就是瞄准特定市场区隔，提供越来越好的消费体验。T-Mobile 不再拿合约捆绑客户，反倒降低了客户流失率，它选择像磁铁一样去吸引客户，而不是设置一个可能会吓跑客户的电网。T-Mobile 堪称赢家，会员之所以选择留下来，是因为他们获得了愉快体验，即使没有合约捆绑，他们也会忠诚地按月交费。

我们可以从传统的会员经济模式那里学到什么

大公司必须做些什么才能在会员经济中保持强大？它们需要关注会员的需求、挫折和满意度，而不是公司的官僚主义或竞争。它们也需要一个明确的品牌承诺。它们需要得到会员的支持，比如美国运通。它们需要专注于会员真正想要的东西，并愿意走一条不同于竞争对手的道路，就像 T-Mobile 那样。美国运通及 T-Mobile 和会员保持密切关系，持续改进产品和服务，将自己与强大的竞争对手区分开来。

在前一章，我们通过星巴克、联合航空和凯撒娱乐这三家公司的例子探讨了忠诚度提升计划。这些公司与本章所述的传统的会员经济公司有一些共同特点。这两类公司都在高度复杂、熙熙攘攘的市场上展开竞争，都利用数据来真正了解自己的客户，而且它们提供了一个看似简单的价值主张，并获得了大量的支持。

在我看来，它们在战略反应上的不同之处在于，实施忠诚度提升计划的公司并没有真正接受会员制。与我们讨论的传统会员制公司不同的是，它们并没有把会员关系放在一切事情的中心位置。它们可能是在创造忠诚度，并不是在创造条件让它们的客户形成真正的会员意识。

小结

即使使命不变，完成使命的方式也需要改变。

推出一项措施后，都要开展效果评估，并向会员征求反馈意见。

开发新产品时，一定要了解它们将如何服务于会员。

考虑如何给会员创造新的体验，并投入资源去兑现。

回应会员的需求和关注，而不是肤浅地回应竞争对手的一举一动。

简化定价，特别是在公司转型的时候。

把会员面临的问题当作公司的问题，然后真心帮助会员解决问题。

第十五章
小公司和咨询公司

会员制不一定非在大公司才奏效。事实上，小公司反而很有竞争优势，因为小公司可以专注于满足某个特定的客户群体，针对其不断变化的需求提供服务。在大多数情况下，小公司能够以低廉的价格获得现成的技术。许多软件工具的设计初衷就是支持小公司。小公司的主要支出不在购买营运所需的技术，通常来讲，确定经营模式、开发产品及管理会员社群的支出更大。

在这一章中，我们将考察不同类型的小公司，以证明几乎任何类型的公司都可以成为会员制公司。我们将看到两个相对较小的组织如何成功地利用会员的力量来构建会员社群、释放价值以及带来稳定的收入。

小商店怎样才能拥抱会员经济

我喜欢做美甲，也经常和两个正值青春期的女儿分享其中的乐趣。她们帮我挑选合适的指甲油，然后我们一起讨论《人物》（*People*）杂志上面的文章。这是一个很好的放松方式，也是陪伴孩子的好办法。

大多数美甲沙龙都有客流量大的高峰时间。这就意味着他们也有客流量少的时候。当沙龙没有客人时，美甲师就在消磨时间。

我们可以设想这样一个实行会员制的美甲沙龙。会员每月支付一笔会费，就可以在非工作时间不限次数地更换指甲油颜色。每月美甲都有固定的时间，所以会员可以在他们预约的时间段内认识其他会员，建立人际关系。Instagram 和脸书这两个网站的用户都会分享很酷的新指甲油颜色，介绍最新的美甲趋势。会员再多花点钱便可获邀参加每季的“会员之夜”，享受鸡尾酒和美食的盛宴。纽约州韦斯切斯特县一家名为 Nail Concierge 的美甲沙龙就用了会员制去吸引客户。这家美甲沙龙隶属于一家 SPA 治疗公司，该公司提供了赠送疗程、礼物、折扣等优惠措施去奖励会员。会员经济真的拥有无限可能性。

最新的技术变化会给那些小公司带来不同程度的利好。点评巨头 Yelp 允许用户添加朋友，并书写和共享关于当地公司的评论，同时兼有社交网络的特点。用户写出的关于当地公司的评论，再加上 Yelp 的搜索引擎功能，对公司的重要性不言而喻。像 Foursquare 这样的餐厅评价网站可以很容易地让餐厅锁定自己的忠诚客户。小商家通过推特、Pinterest、脸书等人气社群网站，可进一步建立会员社群，拉近与客户的距离，让彼此更亲密，将这些素昧平生的客户变成彼此认识的会员。

正如我在前面提到的那样，忠诚度提升计划可以极大地提高客户留存率和客户终生价值，甚至小公司也可以实施这些计划。此外，社群平台和在线服务可以扩大会员和公司之间的接触，而且会员

小公司反倒可以利用好大公司难以建立的人际关系。

与会员之间建立关系的成本和难度都会降低。会员经济不只是为大公司服务的。

对小公司而言，利用好会员经济的秘诀是线上和线下两种渠道的结合，一方面利用线上渠道更加频繁地接触会员，另一方面灵活安排线下活动，邀请会员参与。想想你能为会员持续提供什么样的价值，如何让会员感受到特殊礼遇和归属感。制定价格时要灵活一些，注重奖励那些最忠诚的客户，鼓励他们更多地使用你的产品或服务。小公司反倒可以利用好大公司难以建立的人际关系。

开普勒书店：被会员经济拯救的零售商

当一家位于加州门洛帕克市的书店陷入经济困境时，它的会员社群介入了，创建了一个促进其长期可持续发展的计划。

1955 年，反战活动人士罗伊 · 开普勒（Roy Kepler）创办了开普勒书店。这是一家大型独立书店。书店开业后，很快就成为居住在斯坦福大学周边郊区的人进行独立思考和社区讨论的中心。多年来，这家书店店面越来越大，在加州门洛帕克市中心找到了现在的家。开普勒书店是本书探讨的许多会员经济先驱的邻居，它们所处的位置都非常近。搬到硅谷后，许多最具创新精神、最成功的投资者和企业家经常把开普勒书店看作最受欢迎的阅读场所。

然而，到 2005 年，图书市场的格局发生了变化，这在很大程度上要归因于亚马逊等电商的创新。2005 年 8 月 31 日，开普勒书店决定关门。

但接下来发生的事情是前所未有的，也是会员经济运作的一个很好例子。当地居民举行示威活动，支持开普勒书店，抗议他们最喜爱的书店消失，这些人里面包括里基·奥帕特尼，他是谷歌的早期员工，也是开普勒书店的粉丝，以及连续创业者、当地居民丹尼尔·门德斯和妻子维维安·利尔等。他们呼吁书店支持者筹集资金，重组开普勒书店。几周后，开普勒书店重新开门营业，这次，它拥有了新股东、重新议定的租约、新的董事会、新的文学圈子以及大量志愿者的支持。

在接下来的几年里，会员提供了资金，扩大了活动计划，增加了社区互动，使该书店赢得了许多称赞和行业认可。2012 年，开普勒书店由普拉文·马丹及妻子克莉丝汀接手经营。马丹曾表示，他希望把开普勒书店变成会员制，就像户外用品连锁零售商 REI 或全美橄榄球联盟里面唯一一支由成千上万名粉丝共同拥有的球队——绿湾包装工队（Green Bay Packers Football Team）。[1]

开普勒书店在会员支持下推出了著名的“开普勒 2020 计划”，将书店的公益属性和营利属性剥离开，那些备受称赞的公益活动被转到了一个新的非营利组织，名为“半岛艺术与文学”（Peninsula Arts & Letters），以期这类活动能够不断增加和持续下去。这个新组织依靠会员社群（包括文学圈子的会员）众筹的资金，得以顺利运作起来。

如今，开普勒书店已经成为世界各地独立书店的榜样，许多书店正转向自己的社区，寻求更多支持，与在线零售商和大型连锁书店展开竞争。虽然这家书店的创始人克拉克·开普勒已经不再是它的所有者，但他仍建议书店多花点心思在经营社群人脉上，加入会员经济的阵营。尽管会员经济不见得适合所有小公司，但对已培养出忠诚客户的组织来说却是相当有帮助的经营模式。他告诉我，“可以肯定的是，会员制模式能够给小公司创造美好的未来，不过这种模式必须让人觉得可靠和值得信赖，重点放在打造社群关系上，才能确保客户忠心支持”。

小公司推行忠诚度提升计划的案例

独立书店：开普勒书店，网站 http：//www.keplers.com，依靠会员社群的资助继续开门营业，维持独立风格，转型成会员制，由外部董事会资助社群导向型活动。

热狗连锁店：Devil Dawgs，网址 http：//devildawgs.com，利用 Belly 公司提供的技术，推出忠诚度提升计划，以免费的食物、饮料甚至热狗的命名权来奖励客户。

美甲沙龙：Nail Concierge，网址 http：//thenailconcierge.com，经常在预约确认、折扣优惠及额外招待等方面给会员提供专属福利。

开普勒书店超越了许多零售商使用的传统的忠诚度提升计划，

并在其整个模型中建立了会员制。除了这种零售商，很多小公司可以通过关注会员的独特价值来发挥会员制的优势。许多独立顾问能够借助他们自身的知识经验和他们已经吸引的客户建立社群，其中一个非常成功的例子就是艾伦·韦斯。

艾伦·韦斯：拥有庞大会员社群的咨询师

艾伦·韦斯是一个独立咨询师，年入上百万美元。他尽量在下午 2 点之前完成一天的工作，这样就可以在泳池边休闲度日。

他自称“社群建筑师”，创立了一个充满活力的独立咨询师社群，并赚了上百万美元，这在很大程度上要归功于他建立的线上和线下社群。成千上万名咨询师将他们的成功归功于韦斯的思想指引和他们加入的社群。

大多数咨询师最初了解韦斯都是因为读了他的书[2]，然后找到了他的网站，注册成为韦斯的会员后，可以浏览大量的免费或付费文章。该网站还有其他很多免费内容。[3]我就是这样第一次遇见了韦斯，如今，他已经成了我多年的朋友。

通常情况下，许多人会报名参加价值 3500 多美元、为期 6 个月的培训课程，由韦斯亲自培训的导师负责授课，韦斯会给这些授课导师支付费用，但付费之前会扣除一部分费用。韦斯还亲自授课，半天课程 1000 美元，一周以上的课程 15000 美元。参与这些课程就可以成为韦斯会员社群的会员。韦斯还让会员永远享受某些免费服务，包括参加韦斯持续举办的线上直播论坛、为期

韦斯不断创造新的知识产权。他的专业知识仍然是主要的吸引力，但是，越来越多的会员从其他会员那里发现了巨大的价值。

两天的导师峰会以及定期视频会议。慢慢地，这个社群因大家的投入参与，凝聚力越来越强，其产生的网络效应让会员觉得身在其中受益良多。到这种程度后，韦斯也逐渐退居二线，减少干预。

会员社群为韦斯腾出了相当多的时间，并带来了稳定的收入流。与此同时，韦斯正在授权他的社群成员通过教育其他人获得经济利益。这对咨询师、学员和韦斯而言是共赢的，他们可以专注于为会员创造新的服务。

会员们对韦斯和社群非常忠诚，积极、慷慨地参与其中。韦斯不断创造新的知识产权。他的专业知识仍然是主要的吸引力，但是，越来越多的会员从其他会员那里发现了巨大的价值。最近，韦斯增加了更高层级的、更昂贵的训练课程，并发会员卡给每年参加韦斯社群活动达到一定门槛的人，可享有大幅折扣及额外优惠。

要加入韦斯建立的会员制社群，才会发现他的价值。韦斯创建的架构能让社群成员相互交流扶持，让会员之间培养更坚实的关系。精英导师群在年度例行集会时，都会义务举办研讨会，无论会员掏多少钱出来，社群内部形成的互助文化都会让他们拥有额外收获。韦斯努力耕耘他的社群，不仅可以推广他的知识和经验，也有更多空闲时间去创造更多让会员受益的服务。

引领会员经济社群的范例

艾伦·韦斯，网址 http://www.alansforums.com，成立以独立咨询师为主的线上社群，提供免费和付费的服务，包括线上教育体验、线上研讨会、文字内容、线上论坛等等。

戴夫·拉姆西，网址 http://www.daveramsey.com/home/，提供包罗万象的个人理财建议，包括直播教育体验、线上工具、教室课程、视频、书籍及在线研讨会。

迈克尔·海厄特（Michael Hyatt），网址 https://platformuniversity.com/members/onhold/，向按月交费的会员传授营销和公共关系方面的专门知识，开办精英班、开放讨论区权限、举行线上问答、公开课程、音频、文字内容等等。

你可以从小公司和咨询公司那里学到什么

并非只有大公司才能利用会员经济的力量。像开普勒书店这样的零售商同样可以利用会员制团结他们所在的社区，确保实现持续稳定的发展。正如你将在下一章看到的那样，一位意志坚定的企业家能够在无须外部筹资的情况下，组建一个专业协会，为数百家企业提供支持。思想领袖可以利用会员制将其观点的影响范围拓展到客户和演讲场所之外的空间。重要的是要先花一些时间确定一下自己能为会员提供什么样的价值，然后围绕这些客户需求发展会员。

你已经看到一些小商家和小公司如何为它们的会员创造价值。它们已经证明，同会员建立了持续的关系之后，无须投入太多资源就能扩大它们的影响力和业务范围。如果这些小商家都能做到，那么任何人都能做到。

小结

在建立会员制组织的过程中，要关注那些最好的客户，给他们提供有价值的经验，吸引志同道合的人。

将你的思考流程转换为产品，并授权给其他人使用。你要准备好自己的工作表、课程计划和阅读材料，授权别人使用你的知识去开展培训。

如果你在特定地区发展了足够多的会员，不妨考虑同会员开展线下互动，举办亲身体验活动，比如与会员共进早餐，或举办一场为期一天的活动。

考虑在你建立的“机构”周围构建会员网络——毕竟，一个机构只是一个研究组织。或者在实验室进行测试也不错。人们渴望经过验证的方法的正确性。

要树立远大志向。你可以考虑一下，你的存在，会让世界变得更好吗？

让最优秀的会员讨论你所讲的内容。让他们聚在一起，讨论你擅长什么，并研究其他人是如何效仿你的。通过教育别人，他们会变得更好，你不必操心，这是一个良性循环。

将会员分成多个小组，各组在你的监督下聚一聚，你给他们提供咨询建议。这是直接与会员建立关系、为他们创造价值的好办法，同时也有助于强化会员社群。

定期举办在线研讨会，比如每月举办一次，邀请会员加入。可以收取少量费用。留下文字记录，以供未来的会员参考。

创建一个免费的在线会员社区，向会员提供大量免费或廉价的内容，可以是白皮书、电子书、音频或视频，可以是采访、思考或指导建议。

你可以通过写作、演讲和电子邮件不断拓展你的免费会员社群。

第十六章
非营利组织、专业协会和行业协会

专业协会、环保团体、博物馆等非营利组织采取会员经济模式的时间其实比其他类型的组织要久。它们总是认为自己有别于私营公司。尽管这两类组织之间的确存在一些重大差异，但从会员制角度来看，它们也有很多相似之处，这超出了非营利组织对自身的认知。

与私营公司一样，非营利组织也努力为其会员持续提供价值。然而，它们面临一些独特的挑战。它们致力于实现既定的使命，这有时要求它们做出财务上不利的决定。非营利组织和协会的治理模式通常比较烦琐，工作目标很难衡量。尤其是现在，很多非营利组织的使命与私营企业存在一定重叠，私营企业也能在一定程度上履行非营利组织的使命，因为私营企业具备目标明确和获利能力强的优势。这些拥有创新精神的后起之秀，让做事一板一眼、强调协同合作、反应慢半拍的非营利组织面临被瓦解的威胁。虽然非营利组织有明确的使命、强大的愿景和会员制文化，但它们需要不断地重塑自我才不至于被淘汰。

国际社会风投合作伙伴组织（Social Venture Partners International）的创始人保罗·舒梅克认为，非营利组织最大的挑战是缺乏扩张性，因为非营利组织无法像私营部门那样获得大规模扩张所需的资本。因此，它们需要斗志昂扬，与其他非营利组织开展合作。使命相似的非营利组织相互合作的做法已经变得非常流行，被称为“集群效应”。

非营利组织和协会面临着会员经济中普遍存在的挑战，这改变了它们履行使命的方式，同时又不得不坚守自己的承诺。大部分历史悠久的非营利组织必须搞清楚如何处理已经过时的流程和计划。

在这一章中，我们将探讨私人照片管理者协会和塞拉俱乐部这两个会员制的非营利组织。前者是一个有趣的、相对较新的专业协会，后者是一个大型的、成熟的环保组织。我们将看到它们有什么共同点，对建立忠诚度了解多少，以及如何应对各自规模带来的独特挑战。大型船只改变航线所需的时间比快艇要长，但它们也能携带更多货物，在暴风雨中航行。

私人照片管理者协会：以低成本实施会员制

曾有多位经理人对我说他们的业务规模太小，不足以成为一个会员制组织。我告诉他们去看一看私人照片管理者协会及其创始人卡西·尼尔森的情况。

对卡西·尼尔森来说，2007 年是收入严重缩水的一年。作为一名成功的“创意记忆顾问”，她连续 17 年拥有稳定的收入。但到 2007 年已无法以此为生，因为数码摄影扼杀了相簿美编行业

（她供职的“创意记忆公司”也倒闭了）。[1]

尼尔森知道，在数字时代，人们需要找到新的方式来管理他们的照片，她开始帮助他们。她告诉我说：“我就像一个数码影像极客小组，帮助人们找图片，扫描旧照片，并学会使用新网站管理他们的照片。然后他们寻求帮助，创作相册、幻灯片和其他图片产品。对我来说，这是一个令人兴奋的时刻，我意识到人们需要一个擅长管理照片的人帮助他们。”[2]

没过多久，消息就传开了，尼尔森不仅收到了客户的询问，也收到了想要效仿者的询问。2009 年，她建立了一个名为“私人照片管理者协会”的在线社区，会员每年最低只需支付几百美元，就可以学习尼尔森的实际操作方法，获得用于推销其服务的标准演示资料，并参加尼尔森组织的技能认证课程。到 2014 年，这个新兴的协会已经吸引了来自六大洲的 500 多名专业人士。

尼尔森以包月方式付费给网页设计师，还投资购买软件强化网站功能，在 YourMembership.com 和 GoTo Meeting.com 等软件供应商的支持下，在线研讨会得以如愿进行。要不是多了上述这些支出，尼尔森只需负担基本开销即可，她主要是靠个人力量在经营这个协会。

今天，尼尔森在会员身上花很多时间，一心想帮他们把事业经营得有声有色，将私人照片编排这个新兴行业发扬光大。尼尔森只请了一名兼职员工，她独力撑起自己的事业，数码摄影领域的主要制造商和服务商经常主动联系私人照片管理者协会，大方提供折扣，还自愿加入她的协会，成为她的会员。

她组织了一个年度会议，并建立了“照片保护日”，与公司合作，教人们如何在灾难发生时保护自己的照片和视频。这个保护日面向会员社群，也面向世界，旨在教人们懂得管理私人照片的方法和重要性。

尼尔森还在亲自管理私人照片工作时，就成功建立了这个协会，而且不需要从外界募集资金。她的秘诀是什么呢？正如我们在第五章讨论的那样，她将大部分时间投注在“漏斗底端”。尼尔森开办这个协会之前，花了很多时间确认大众了解到了会员制的价值，也愿意留下，一旦她提供很好的服务，客户自然会来，而且越来越多的客户在口口相传下会自动找上门。

最重要的是，尼尔森始终专注于一个事实，即要是她没拿出真材实料，就算这些潜在客户成了会员，他们也会随时走人。毕竟这些会员大多做的是小本生意，入会的花费对他们来说是直接成本，也难怪他们总是考虑成本问题。尼尔森的优势在于她对会员的服务承诺，她不断与会员沟通，确保他们即使面对市场变化，事业仍能持续蓬勃发展。

塞拉俱乐部：重新思考会员制的好处

塞拉俱乐部是环保领域一个有着百年历史的“蓝筹股”式领军组织，与规模虽小却比较活跃的私人照片管理者协会有诸多不同。这个组织在履行其使命方面可谓取得了切切实实的成就。其使命可以概括如下：

- 探索、欣赏和保护地球上那些保持着原生态的地方。
- 宣传并践行以负责任的方式利用地球的生态系统和资源。
- 开展环保教育，号召人们保护自然环境与人类环境，恢复环境原有的品质。
- 用一切合法的手段来实现这些目标。[3]

塞拉俱乐部坚持不懈地寻求增长之道，使自己的活动不偏离使命。近来，它开始审视自己的会员模式，与最大的支持者加强联系，同时招募新会员。

塞拉俱乐部负责业务的高管米歇尔·爱普斯坦从营利性和非营利性这两种视角去审视会员制，这种视角非常独特。她早期曾供职于斯潘读书俱乐部（Bookspan）。该俱乐部是美国时代华纳公司和德国贝塔斯曼公司合资设立的，是美国最大的读书俱乐部运营商，旗下涵盖了美国多家主要的图书俱乐部，包括“每月一书俱乐部”（Book of the Month Club）、“双日读书俱乐部”（Doubleday Book Club）和“文学协会”（Literary Guild）。斯潘读书俱乐部是贝塔斯曼音乐集团 CD 俱乐部（BMG CD Club）和哥伦比亚剧院 DVD 俱乐部（Columbia House DVD Club）的姐妹公司，它们采取的经营模式如出一辙，特征是先呈现给客户一堆影碟名称的目录，让客户消极被动地选择加入，结果可想而知，每个月有包裹寄到客户家门口（当然，这些包裹都附有发票）。

在斯潘读书俱乐部供职时，爱普斯坦被会员制的潜力深深地吸引，不断尝试各种方法使这些俱乐部更有人情味，而不仅仅是持续提供图书的地方。

太多的会员经济组织未能兑现给会员的承诺。

爱普斯坦说："太多的会员经济组织未能兑现给会员的承诺，它们应该超额兑现承诺。"[4] 无论走到哪里，她都牢记这一会员制箴言，设法摆脱单一的业务模式，为会员创造更多价值，让他们享有更多福利，帮助会员建立人脉，实现会员的期待。

塞拉俱乐部成立于 1892 年，现有会员和各类支持者共计 240 万人，是世界上最大、最受尊敬的环保组织之一。然而，爱普斯坦注意到，它和绝大部分会员的关系非常疏离，以至于会员连会员资格已经失效都不知道。除了电子邮件，对许多会员来说，与这个俱乐部的真正互动很少。

看看塞拉俱乐部的运作模式，也就不奇怪为什么这么多会员和组织的关系会变得如此松散了。它的招募模式曾经是高度个性化的，要求新会员由另一名会员推荐，在 20 世纪 50 年代，你必须认识里面的会员，经过这个会员的推荐，才能加入进去，那时的俱乐部真的有俱乐部的样子。后来，它采用了更简单直接的推广方法，通过邮件、电话和网络渠道获得了更多的会员。虽然其覆盖范围扩大到了数百万人，但它更像一个关于捐助者和坚定的环保支持者的数据库，而不是一个会员密切参与的社群。尽管它在美国的 50 个州都有积极的活动人士（现在依然如此），但对于大多数会员来说，它并不是一个真正意义上的俱乐部。

爱普斯坦向我透露了塞拉俱乐部为了扭转这种局面而采取的

几项重要举措[5]：

- 重新考虑会员制的好处，以吸引更多的会员。
- 增加按月捐赠的会员的比例。塞拉俱乐部只有大约5%的会员每月自动捐款（在绿色和平组织，这个比例约为50%）。
- 增加一个新的、免费的在线活动平台，吸引人们加入俱乐部。

爱普斯坦希望让现有的会员制发挥更大的作用，给会员带来更多的好处，以便鼓励会员在日常生活中选择更符合环保标准的产品和服务，让生活方式变得更环保。如果你问塞拉俱乐部的普通会员为什么要加入，他们可能会说想要支持某个具体的倡议，也许有少数人会提到是因为希望参加塞拉俱乐部或者《塞拉月刊》组织的旅行，但大多数人加入的主要理由可能只是想给环保事业捐款。

彼得·默里最近在《斯坦福社会创新评论》杂志（*Stanford Social Innovation Review*）上发表了一篇文章，名为《规模的秘密》（Secret of Scale）。在这篇文章中，他研究了宣传引导类的组织如何真正扩大规模和实现稳定收入。[6]他发现美国退休人员协会（American Association of Retired Persons，AARP）和美国步枪协会（National Rifle Association，NRA）之类的组织给会员提供的福利竟然已经扩展到日常生活方面，比如团购保险、产品折扣优惠、

功能性利益在吸引会员方面最有效，其次才是宣传引导。

邀请会员参加特别活动，这大大突破了宣传引导类组织的传统业务模式。他指出，那些提供功能性益处的组织比那些宣传引导类组织的规模更大。一旦会员被实实在在的功能性利益所吸引，那么这个组织就能更好地使用它们的数据库来让这些会员参与宣传引导活动。换句话说，功能性利益在吸引会员方面最有效，其次才是宣传引导。

彼得·默里的这种想法与美国云计算公司 Zuora 的创始人兼首席执行官左轩霆（Tien Tzuo）的想法不谋而合。左轩霆提出会员与组织应该建立长期性的互惠关系，即使对于一个传统品牌，营销也不再仅仅是推销产品，还要不断改善产品和服务，在更大范围内以持续的、一致的方式来兑现品牌承诺。个人在成为会员，并为一个品牌做宣传之前，必须先与这个品牌接触。

目前，塞拉俱乐部正在践行这些理念，积极探索如何给其合作伙伴提供切实的利益和折扣，以吸引有环保意识的人成为会员。除此之外，塞拉还集中精力改善会员的入会体验，张开双臂欢迎新会员，要让他们深切感受到入会的好处，并在他们与致力于实现某些特定使命的分支机构之间搭建桥梁。

为了创建会员社群，并扩大其覆盖面，塞拉俱乐部也建立了一个网络社群。2014 年 6 月，它发布了一个名为 ADDUP.org 的在线平台（测试版）。这个网站既有脸书的社交功能，也践行了“网络点击行动主义”的理念，即利用网络作为主要手段，去影响公众对各种环保行动的看法。该平台还给会员提供了在现实世界中参与本地活动的机会，主要目标之一是让会员和非会员在本地参与各种环保活动。最初，推广仅限于塞拉俱乐部的现有会员和支持者，但后来开始让现有会员推荐朋友加入，旨在实现病毒式传播，吸引会员的朋友。测试阶段结束后，它将对所有人开放。上过该网站的人就算还不是塞拉俱乐部的会员，也会持续收到电子邮件，鼓励他们成为塞拉俱乐部的会员。

创新路上没有“足够”二字

越来越多的专业协会、同业公会和其他非营利组织开始修改陈旧的会员制度，因为他们知道，没有收到会员的反馈意见并不一定意味着会员是满意的，如果会费多，福利少，或者发生任何与自动转账相关的技术故障，都可能威胁到会员数量。

会员可能不会大声嚷嚷着要求他加入的组织开展创新活动，但如果这个组织积极主动创新，给会员提供更优惠的价格和更多的好处，那么会员会意识到这一点。这样一来，这个组织的竞争对手忽然之间就显得相形见绌了。我举一个反面例子，这里就不具体说是谁了。有一个自诩搞计算机研究创新的组织，它不重视通过网络与会员建立联系，网站沉闷老气，就像一个布满蜘蛛网的、死气沉沉、单调乏味的公告板一样。任何人访问它的网站时，都不会联想到“创新”一词。顺便说一下，在这个瞬息万变的行业，这个组织旗下竟然还出版着一本杂志，每年出 10 本。

专业协会、同业工会或其他非营利组织如何善用会员制去巩固会员关系，维系稳定发展呢？

我们从专业协会、同业工会或其他非营利组织学到什么

同其他各种组织一样，非营利组织、协会、宣传倡议团体和博物馆都要考虑持续创新，同时还要忠于自己的使命和满足会员需求。很多非营利组织就采取了很有创意的做法，效仿私营公司的会员管理模式，鼓励自己的会员每月自动捐赠。这样做的优势很明显，能给非营利组织带来稳定的、可预测的捐赠，会员流失率大大降低，非营利组织再也不用为了搞到“大额捐赠”而煞费苦心。

不过，非营利组织的一些优势，也值得那些在会员经济方面做得很好的私营公司去学习。比如，非营利组织以使命为导向，以会员为中心，并致力于同会员建立长期关系，表现出了在会员经济领域有所建树所需的毅力、决心和专注。

虽然私营公司的资金较多，是其开展创新的一个优势，但创新主要受理解力和想象力的影响。

小结

线上社群可以作为线下关系的补充，比如，可以考虑在网上举办论坛，分析最佳实践，举办网络研讨会，等等。

要重视寻找合作伙伴，使自己与对方的产品或服务形成互补。

即使会员说他们喜欢你的产品，也要持续不断地评估自己的情况，包括自己的产品、会员管理制度、资产、公众形象以及竞争对手的情况。

你要了解哪些会员是最理想的会员，并为其提供配得上他们的产品和服务。你维持增长和发展的方式既要能留住老会员，也要能吸引新会员。未来的理想会员可能跟之前的理想会员的标准有所区别。（如果吸引的新会员数量减少，这就暗示着你的会员管理计划可能已经过时了，就算老会员的留存率依然很高，这也是一个危险的信号。）

在探索新的会员区隔方面要保持警惕，优化你为每一个会员区隔提供的产品和服务的质量，但同时要限制会员区隔的数量，因为每增加一个区隔，就会导致你付出更多的成本和精力。

要像那些私营公司一样保持竞争意识。你知道自己的竞争对手是谁吗？眼光不要紧紧盯着其他协会和非营利组织。还有谁为你的会员提供有吸引力的服务？还有谁可能引起你的会员的共鸣？你最大的竞争对手可能是线上发布应用程序、用户群体、某个软件或虚拟社区。

要不断创新，让自己保持新鲜感。这样才能确保你的会员不会因为被看到和你在一起而感到尴尬，也不会因为使用你的服务而感到尴尬。

第四部分

会员经济与转型

在第三部分，我们看到一些公司在实施会员经济战略方面做得比较成功。看一看这些组织的最佳实践案例，分析一下它们在实施会员经济战略比较成功时是什么样子的，对公司大有裨益。

然而，我认为，本书中的一些原则在形势不妙的时候最能派上用场。最常见的情况就是一个组织到了不得不转型的十字路口，才选择投入时间和精力，采取会员经济模式。我把这种时刻称为转折点，也就是说，在这个时候，公司的财务状况要么变得更好，要么变得更坏，实施变革是一种迫在眉睫的选择。公司之所以会走到这个十字路口，有时候是因为在市场竞争中遭到了打击，有时候则是因为公司看到即将迎来重大机遇，或者即将遭遇重大挑战，不得不主动决定改弦更张。

促使一家公司决定转型的因素有很多，但有一些因素一而再再而三地出现。第四部分将聚焦公司的转型时刻。表 9 列出了有关因素，我的目标是你可以了解一下其他公司如何在这些时刻优雅地实现了转型，同时，我也希望能够给你一些灵感，使你思考一下如何利用这些转型时刻去攀登新的高峰，而不只是手忙脚乱地去亡羊补牢。

表 9　会员经济与转型：关键转折点

	转型困难的原因	我们可以从此模式中学到什么
从创意到创业	· 创业时面临着“鸡生蛋还是蛋生鸡”的问题 · 实施资源共享的会员制会增加创业成本 · 建立以价值为基础的定价体系，与会员形成持久关系 · 一冲动就想迎合所有人的所有需求	· 在投入资源去吸引会员之前，先确认自己的产品和入会条件是否能够迎合入会者需求 · 从一开始就要确立以会员为导向的公司文化，头衔、用语、工作流程都要围绕会员需求设定 · 如果无法一下子吸引一大群人成为你的会员，那么你必须有与众不同的优势 · 不要追求不切实际的目标，要从小处着手，集中精力服务于特定会员。服务于多个目标会导致你的预算成倍增加！
从创业到成熟	· 团队、流程等方面的历史经验未必适用于未来 · 随着公司规模扩大，最初的小错误可能被放大 · 从奇思妙想到持续创新还有很多挑战 · 不仅需要新技术，可能还需要新的公司文化	· “时髦”或“酷”是一把双刃剑，虽能加快早期发展，但无助于打造持久的品牌 · 随着公司规模扩大，必须提高会员的参与度和影响力 · 如果你的模式可行，能获取新会员和留住老会员，那就努力让你的流程实现自动化，构建新的管理架构，毕竟不能总是停留在初创阶段的发展速度和定制化方法去讨好会员，那不具有可持续性
从线下到线上	· 要通过线上渠道提高线下的赢利，挑战不少 · 不仅需要新技术，可能还需要新的公司文化 · 从情感上来讲，传统的线下模式难以割舍	· 会员期待能接触线上社群，几乎每一个线下业务都能通过线上渠道来开展，而且成本更低，如果你无法提供线上服务，其他公司会抢着做 · 网络技术拓展了会员的范围，强化了公司与会员的关系 · 网络技术让上网成了会员每日的例行公事，提升了社群对会员的吸引力和会员参与公司活动的积极性

（续表）

	转型困难的原因	我们可以从此模式学到什么
从所有权到使用权	· 可能失去一些不适应新模式的会员 · 采取所有权模式时，会员直接购买你的产品，会带来大额现金流，但改用使用权则会带来小额的、持续的现金流，容易导致收入暂时减少 · 不仅需要新技术，可能还需要新的公司文化	· 业务模式变化的过程要透明，给利益攸关者讲清楚 · 考虑在过渡期内保留原来的所有权模式，毕竟要顾及那些不喜欢新模式的会员 · 调查分析新模式对各个会员区隔的影响 · 如果强迫会员接受新模式，就要预料到可能会有人打退堂鼓
从稳定状态到竞争式破坏	· 成功的公司经常在市场竞争中感觉遭到了冲击 · 市场根本不给你提前采取应对措施的时间，你经常是被动迎战，而不是主动谋划 · 在激烈竞争中，不想再创辉煌，只想查漏补缺，得过且过 · 不仅需要新技术，可能还需要新的公司文化	· 正如英特尔前首席执行官安迪·格鲁夫所说的那样，“只有偏执狂才能生存”。全美餐馆协会的首席执行官道恩·斯威尼每隔几个月都会问其工作团队一个问题：“如果你想让我们倒闭，你会怎么做？”你自己也要经常思考一下这个问题 · 与会员保持密切接触，倾听他们的心声。当你反复听到相同的诉求时，尽量做出肯定的表态 · 身处竞争关系中的你可以效仿英国新闻集团首席营销官凯蒂·范尼克－史密斯，将之视为反思整个经营模式及提升竞争力的契机 · 考虑收购具有创新能力的初创公司，以吸收新鲜血液，当然，前提是你要愿意拆分和整合自己的业务

第十七章
从创意到创业

初创公司在面临是否采取会员经济模式的时候，可能会渡过一个非常艰难的时期，因为它们面临一个“鸡生蛋还是蛋生鸡”的两难抉择。换句话讲，如果它们想采取会员经济模式，想为最早的会员提供价值，那么会员数量必须足够多，然而，要吸引足够多的会员，又必须先为最初的会员提供价值。不过，很多会员制公司成功地应对了这种挑战，渡过了这一艰难时期。

在投资之前，公司应该弄清楚自己的定价机制、市场定位、如何吸引新客户以及如何留住老客户。这些非常重要，但意识到这些的企业家太少了。要想成为一家引人注目的初创公司，要么在成立第一天就能给客户创造价值，要么立刻就能吸引一大批会员，或者同时做到这两点。为了深入了解如何从创意到创业，我们考察了一些现在已经成功的大公司，比如社交网站领英和脸书，以及汽车短租服务公司 RelayRides，看看它们在创业初期是如何发展的。

倘若你考虑开一家走会员经济路线的公司，无论是线上还是线下，本章会向你展示初创阶段该用什么策略，帮助你顺利创业和经营。很多公司的例子能够证明，即便用很少的预算，也能成功创业。保持事情简单化是正确的起步方法，要实施会员制尤其应该如此，必须专注于关键市场，善用病毒式扩张。还有，当你的公司规模很小的时候，做大量的测试是很重要的，因为船越大，越难掉头。

领英：从清晰的品牌标识和永久的交易理念开始

我们在第十二章中讨论了领英利用免费增值模式和免费会员这个核心引擎来建立一个庞大的业务网络，给它带来了源源不断的收入。现在，让我们详细介绍一下它是如何起步的。

艾伦·布鲁是领英的联合创始人和产品管理副总裁，负责领英的内容、社群和传播业务。他告诉我，公司一开始的价值定位与许多专业协会没有太大区别。“我们知道我们想要捕捉人与人之间的关系，而不仅仅是客户创作的内容本身。我们要确保从一开始就能持续创造价值。”[1]

在设计公司蓝图的时候，领英创始人考虑他们的长期目标是什么，以及需要做些什么才能迈出第一步。

领英的创始团队从一开始就考虑了他们想要建立的组织类型，改进了他们过去建立的模式。布鲁与联合创始人里德·霍夫曼和让－卢克·瓦兰特对需要什么样的公司文化有自己的想法。

工作用语从一开始就很重要。布鲁还记得，“我们在 2003 年 4 月成立之前，开始在内部讨论需要如何与会员交谈。如何称呼他们？会员？用户？我们知道订阅服务最终会成为我们商业模式的一部分。最重要的是，我们想为每个用户提供一个基本的体验，让他们能够认识到网站对于自己的价值，并邀请其他用户加入进来。我们需要明确一个长期的价值定位”。

另一个重要元素是与每个会员建立永久交易和真正的关系。布鲁和霍夫曼都曾在交友网站工作过，但在那里，会员一旦找到灵魂伴侣就会离开，因为交友系统对他们而言没有进一步的价值了。然而，我们知道，在职业生涯中，“如果我们明确表示可以为你提供有价值的东西，就可以留住你 40 年”。

布鲁在评论品牌力量时，将其定义为公司在早期互动中为客户留下的期待。品牌告诉客户应该对公司抱有什么期待。他提醒公司尽早考虑品牌问题。一旦设定了给客户的期望，就很难改变了。

布鲁认为会员制就是建立个人与组织的关系，而一个组织基本上都会在会员与非会员之间创造一定的差别。要成为会员，必须经过某种形式的审查和入会仪式。普通客户通过参与一个组织的活动或成为一个组织的投资者（或两者皆是），变成一个组织的会员，从而获得这个组织的产品的使用权，获得这个组织提供的价值，让自己变得更加强大。

领英的创始人选择用“会员”，而不是“用户”这个词来描述他们期待同客户建立的关系。

要成为会员，必须经过某种形式的审查和入会仪式，才能改变身份。

虽然布鲁并不认为“会员”这一措辞是领英成功的最重要因素，但他相信文字确实会影响员工对用户的看法。“会员”这个词让交易听上去不那么生硬，感觉客户与组织间有着恒久的关系。布鲁认为，语言可以整合人的力量，促使所有人朝着同一个方向努力，赋予商业设计更多的内涵。如果从一开始就选择“用户”这个词去称呼自己的客户，给人的感觉就是这个组织创造出来的东西更像是高科技的工具；而如果一开始用“会员”这个词语去称呼客户，给人的感觉就是这个组织更加关注客户的需求，更加注重为客户创造价值。

领英在起步阶段面临的挑战是如何在第一天就提供有价值的东西，它的做法是让人们把这个网站当成一个储存和分享简历的地方。慢慢地，它变成了经营职场人脉的平台，充分发挥了会员社群的价值。如今，领英几乎是所有专业人士的必备网站，为专业人士、销售人员、招聘人员和市场研究人员提供了广泛的服务和福利。最初，领英选择的价值定位并不宽泛，而是很有针对性，然后具备了正确的基础设施、公司文化和发展愿景去实现它的价值定位。将这些最初的日子铭记在心，是非常重要的。

如同领英一样，力推汽车共享事业的 RelayRides 也经历过从纸上谈兵到具体落实的挑战。领英只需为客户创造有利于他们职业生涯的价值，便可吸引客户在线创建自己的履历，而 RelayRides 必须说服客户，把自己的爱车租给陌生人开。这两家公司都采取了本地化和高接触的策略，很有启发性。

RelayRides：招募会员要各个击破

1999年，毕业于斯坦福大学教育专业的年轻律师亚历克斯·本恩在跟易趣创始人皮埃尔·奥米迪亚（Pierre Omidyar）见面之后，离开了硅谷顶尖的律师事务所柯立·古华律师事务所（Cooley Godward）。易趣是一个点对点的收藏品拍卖网站，当时刚上市不久。奥米迪亚需要一位优秀的、有商业头脑的律师帮助公司通过拓展合作伙伴网络和大举并购来实现更快的增长。

本恩最初不认同奥米迪亚的观点。本恩是一个生活在新泽西的街头高手，他描述了自己的世界观：每个人都想找你麻烦。他很难相信一大群陌生人会公正、诚实地做事，尤其是在普遍匿名的互联网的保护之下。但奥米迪亚向本恩解释了自己的观点：人总的来说还是善良的。于是，本恩加入了这个年轻的会员制公司——易趣。后来，他为易趣缔结了很多重要的合作伙伴关系，至少完成了15笔并购交易，总价值超过10亿美元。他在易趣的经历逐渐让他接受了奥米迪亚对于人性的乐观看法。

本恩向我分享了他长期以来对会员制与社群的观察："大多数人会不辞辛劳地对陌生人伸出援手……或许这存在文化差异，但同住一个星球、同样身为人，我们在这方面差别不大……如果人类没有相互帮助，就不会走到今天这一步。"[2]

> **奥米迪亚向本恩解释了自己的观点：人总的来说还是善良的。**

如今，本恩是RelayRides的首席运营官。该公司也常被称为汽车共享行业的"爱彼迎”，堪称美国最大的汽车共享市场服务公司，允许车主将汽车租给需要用车的陌生人。该公司奉行这样一种理念：汽车存在未被使用的价值，这是一种昂贵的、未得到充分利用的资产，科技的进步可能会释放这种价值。

RelayRides 通过使用地理位置跟踪技术、大数据技术和通用汽车公司旗下的安吉星远程汽车解锁系统来跟踪和解锁会员的汽车。这种技术层面的东西是比较容易做到的。比较困难的地方是说服会员愿意把这些技术应用到自己的汽车上，愿意把自己的汽车租给陌生人，让宝贵的个人资产随时可以出租，同时还要说服那些需要汽车的人愿意驾驶陌生人的汽车。

RelayRides 在会员社群开始迅速壮大之前，最初是通过逐一联系的方式招募会员的，单独给每个会员打电话，讨论租车流程等问题。等会员达到一定的数量后，它的租车理念也开始得到越来越多的人理解，会员社群开始迅速扩张。但一开始，它真的是挨个给客户打电话，从一个城市到另一个城市，逐一吸收车主和有驾照的人入会。

RelayRides 在起步时之所以很艰难，是因为它需要获取别人的信任。后来，它可以更多地依靠口碑和它建立的品牌去扩张。

今天，“共享”已经成了一个非常时髦的词语，用于描述 RelayRides 和爱彼迎等从事资源共享业务的平台。经常有人问本恩，分享行业有未来吗？他的回答是：在预测未来时，要看一看过去。

本恩看问题的眼光很长远，他从早期的人类文明开始讲起，指出人类在基础设施共享方面的每一项创新都巩固和拓展了人际互信。共享的道路、通信的进步、货币的统一和法律保护的增强拓展了人际互信的范围。今天，我们可以同从未谋面的组织或个人建立高度互信的关系。

RelayRides 先是在现实世界中构建人际互信，然后才逐渐在网络上构建互信，扩大会员社群的规模。它非常专注，并且愿意即时改善构建互信的具体方式，采取劳动密集型的方式建立最初的会员社群，等到会员人数达到足够多的时候，就建立一个全新的模式。脸书也采取了类似的扩张方式，实现了从一个会员社群到另一个会员社群的增长，但脸书是以现实世界中的社群为出发点的。

脸书：从同质群体着手

脸书的第一批会员是哈佛大学的本科生，当时马克·扎克伯格还是哈佛大学的学生。长期以来，哈佛一直在发行所谓的“脸谱”（facebooks），即用宿舍或班级里每个人的名字和照片装订成册的书，根据名字、姓氏、家乡和专业进行索引。学生们用它来寻找新朋友和潜在的约会对象（这肯定不是发行的初衷）。在扎克伯格就读期间，哈佛大学正在尝试将脸书的内容放到网上。根据哈佛大学校园媒体《哈佛深红报》的报道，扎克伯格尝试了黑客行为，轻易破解了学生宿舍楼局域网的密码，收集了好几栋宿舍楼的学生的照片，然后编写代码，让其他人给自己喜欢的学生投票，在每次投票后计算一下每个人的得票数量，进行人气排名。[3]

扎克伯格最先做的网站是 FaceMash，是哈佛版美女评选网站，每次将两张女生照片放在一起，让用户选哪一位更吸引人。之后，他做了些改进，利用学生数据创建了下一个网站，最初的名字叫 thefacebook.com，也就是我们今天熟知和喜爱的脸书的雏形。脸书最初是从一个学校到另一个学校发展起来的，在一个学校建立了会员社群之后，再发展到下一个学校。

脸书需要先吸引一批相互认识和信任的人，让他们再去吸引其他人加入，从而创造社交网络体验。如果没有一批彼此认识的会员，这个网站对个人几乎没有价值可言，因此吸引一群会员是至关重要的。很难想象如果脸书只停留在概念阶段，除了在哈佛校园引起回响，其他地方不买单会是什么情景。如果扎克伯格没有让它的模式迎合同质群体的需求，那么脸书就永远不会扩展到今天的服务广度和深度。

网飞：关注主要客户群体，提供一项关键利益

网飞面临的挑战截然不同。虽然它没有致力于促进会员社群的互动，但它也有一个同样雄心勃勃的想法，那就是确保其会员手头总能拥有三张很棒的 DVD。起初，这家公司有几个可以大加宣传的优势，比如送货上门的便利性，通过中央配送中心可以买到更大范围的影碟，以及设置预约排队区，保证客户能在自己希望的时间拿到真正想看的影碟。

太多小公司不愿意在早期投资于市场研究，因此要么失败，要么误打误撞地成功。

许多公司都犯了这样的错误：从第一天开始就大谈特谈自己能提供的所有福利。这种做法存在两个问题。其一，承诺的太多，很难实现所有承诺。其二，如果你承诺的东西太多，客户会感到困惑，可能无法找到对他们来说真正重要的东西。

在早期，网飞做的事情非常简单。它专注于宣传一个关键优势：没有滞纳金。这一优势使该公司与大型音像公司拉开竞争架势，尤其是百视达（Blockbuster），吸引了大量习惯于一次租很多影碟的消费者。这是网飞在早期的优势，后来还宣传了其他优势，比如两天内送货上门，一万多部电影可供选择以及推出原创内容等等。但在早期，人们关注的焦点是收取滞纳金，以及那些因此对百事达不满的客户。

网飞公司还采用了一种简单的定价模式，只有一个选项，适用于所有会员。简单的订阅模式可以降低入会门槛，减少注册流程的障碍。从一开始，网飞就投入了大量资金去研究怎样实施会员制，并根据研究结论调整自己提供的服务以及同会员联系的方式。太多小公司不愿意在早期投资于市场研究，因此要么失败，要么误打误撞地成功。在一家公司的早期发展阶段，与潜在客户沟通是最重要的投资。通过专注于某一个重要的会员群体，设身处地地帮助会员解决问题，并宣传自己的优势，网飞才能够成功地从创意走向创业，再发展到成熟的行业领导者。

我们能从这个模式中学到什么

初创公司往往会遭遇各种障碍，问题出在它们初创之时勾勒的愿景和诸多优势根本无法完全兑现。然而，有很多方法可以用得上。作为实现全面愿景的第一步，初创公司可以聚焦一个特定的客户群体，或者采取大规模定制化的策略。

每个组织都要为第一个会员提供价值。有时候就像领英，从提供单一产品开始，慢慢扩大产品范围。有时要克制一下攻城略地的扩张野心，先让新会员切实感受到加入会员社群这个大家庭的好处，就像汽车出租平台 RelayRides 所做的那样。有时候，一个打算采取会员制的组织还需要先通过人工方式开疆拓土，然后把吸引会员的流程自动化，建立起自己的会员制运作模式。会员经济讲求的不是一时冒进，而是稳定增长。

小结

在决定投入资源吸引会员之前，要先确认自己的产品和优势是否能满足会员的需求。

从一开始就在公司内建立会员制的文化，包括头衔、用语和流程。

初创公司必须从一开始就提供与众不同的价值，才能吸引会员。

别好高骛远，先从小做起，集中火力专攻特定客户群。要知道，目标一多，预算也会跟着翻倍。

刚开始创业时，不妨多费一些气力，逐一联系客户，说服他们成为自己的会员，直到找出适合自己的入会方案，再往线上拓展。

第十八章 从创业到成熟

快速增长的初创公司往往顺风顺水，一片美好前景仿佛就在眼前铺展开来。正是在这些时刻，它们才最有创新能力，最能承担重大风险。有时候，变革会让事情变得一团糟，但从长远来看，谨慎的冒险可以让一家优秀的公司变得更加伟大。因此，不妨尝试一些具有巨大潜力的变革，看看会发生什么。

成功的初创公司很早就开始实施自己的增长战略，这往往依靠它们的直觉和营造出来的“酷元素”来吸引早期会员，这些早期会员再推荐自己的朋友加入。有些公司能够实现病毒式增长，有些善于口碑营销，最终都成了大公司。此外，正因为这些小型新锐公司看起来不具威胁性，才能常保低调，避免引起其他对手的注意和狙击。

初创公司面临的挑战是它们到临界规模时该怎么办。到那时，它们不能再依赖隐身能力或酷元素了。外界会一直盯着这些公司的发展。这些公司必须经得起更大的主流市场的审查。虽然增长速度可能会放缓，但公司需要确保自己不会陷入衰退。它们需要无缝地过渡到一家成熟的公司。有些公司在这种转变中迷失了方向，另一些则成功地继续改造自己。

从青涩到成熟，你的公司会经历阵痛。你需要更多的组织架构。你需要做出更大的品牌承诺，这比进一步创新还重要。你需要弄清楚如何与会员保持联系。你需要学习如何在组织中推动创新，而不是依赖创始人最初的好创意和直觉。

如果你的组织是艘火箭船，大家冲着你很酷、行事低调、是一个具有颠覆性的明星而奔向你，那你心中务必要有个计划，当你不再算得上新事物的时候，当你不再那么勇于创新时，你该怎么办？毕竟这一天终将到来。

在这一章中，我们来看看潘多拉和 Salesforce 这两家公司，它们现在都是主流公司，实现了从过去的颠覆者到如今的行业领导者的平稳过渡。

潘多拉：善于同会员对话

潘多拉网络音乐电台在 2000 年开始实施音乐基因组计划，至今仍在继续，是迄今为止对音乐进行的最全面的分析。一个由数十名音乐理论专家组成的团队根据多达 450 个特征聆听和分析各种歌曲（目前已分析了 100 多万首），涉及特征包括旋律、和声、乐器、节奏、声乐、歌词等细节。

潘多拉使用这个数据库，根据用户的喜好选择相应的歌曲，为客户创造个性化的收听体验。用户可以在潘多拉上输入歌曲或艺术家的名字，而音乐基因组计划则利用其数据库来寻找具有相似特征的歌曲，创建一个迎合听众口味的播放列表。[1]

经过 5 年的艰苦开发，潘多拉于 2005 年秋季推出了面向消费者的服务。创始人蒂姆·韦斯特格伦（Tim Westergren）从一开始就把它视为大公司。尽管该公司曾短暂尝试过一种纯粹的付费模式，但它很快意识到，由于电台拥有悠久的免费历史，消费者需要免费服务，要想获得收入，只能另辟蹊径，比如刊登广告。正是这个免费版本加速了潘多拉的增长，迅速使其成为家喻户晓的名字。潘多拉在 2011 年上市时报告说它拥有 8000 万注册听众。上市通常标志着一家公司从一家很酷的初创公司转变为成熟的市场参与者。[2] 从那以后，听众人数持续增长。2014 年，该公司报告说拥有 2.5 亿注册会员。[3]

潘多拉之所以能实现这么快速平稳的增长，部分原因在于它从一开始就专注于成为主流产品。韦斯特格伦告诉我说："我们从来没有试图走前卫路线。前卫品牌通常都是弱势品牌。前卫，换一种角度去考虑，就是令很多人感到不适应，而我们要为每个人创造空间。前卫代表着夸张渲染。换言之，如果你一开始就不那么前卫，你就不会承担未来某天变得不前卫引发的风险。"

韦斯特格伦说，尊重会员的原则根植于潘多拉的基因。这个原则被列入公司的规章，目的是指导整个公司的决策和行为。员工在潘多拉大学正式学习这个原则，学习时间是两天，由高管带领，让新员工接触潘多拉业务的方方面面。所有员工都应该尊重所有会员，定期和会员交流，不管会员的年龄、行业或音乐喜好如何，都要努力让他

前卫，换一种角度去考虑，就是令很多人不适应，而我们要为每个人创造空间。

们感到自己是受欢迎的。新员工一旦加入潘多拉，就会每天与听众沟通。韦斯特格伦说："我们的员工在地铁上提着潘多拉的包包时，经常有人会感兴趣地问这问那。对于一个员工来说，这带来了令人难以置信的满足感。"[4]

潘多拉员工不惜加班服务每位会员，无论付费会员还是免费会员，都把他们当自家人一般对待。这家网络电台将与听众交流当成一种机会，而不是一种负担，承诺会逐一回复听众发来的每一封电子邮件。韦斯特格伦指出："我们最活跃的听众除了主动和我们沟通联系以外，还会给我们写诗、烤蛋糕和寄照片，他们这么做无非是表达对潘多拉的热爱。这种自然流露的情感很能感染员工，我们员工工作的主动性和积极性非常高，他们就像我们品牌的传教士。"下面几条非常典型的推文能够代表忠实听众的心声，让人感觉到这些听众希望自己永远都是潘多拉的会员。

推文 1：我爱潘多拉电台，它知道我要听什么，就像来自朋友的拥抱。

推文 2：我父亲曾经病得很重，在我 16 岁时就去世了。我记得最清楚的一件事是他喜欢用他的收音机听乡村音乐。你们电台的乡村音乐仿佛把我带到了一个我未曾到过的远方，好像父亲就在我身边，我在找他，有那么多话想对他说，等着妈妈叫我们吃晚饭。我发自肺腑地感谢你们为我营造的这些时刻。

推文 3：我喜欢你们的产品好几年了。我在 2013 年

> 12 月的一次自行车事故中摔伤了脖子，在康复过程中，你们舒缓的爵士音乐帮我渡过了一些艰难的时刻。你们源源不断的舒缓音乐正是我需要的良药。感谢你们一直相伴。

韦斯特格伦解释说，“我在客服中心接到某位女士的来电，她说她非常喜欢潘多拉。她办公室里的每个人都有不同的音乐品位，但他们都爱听潘多拉。我给她寄了几件潘多拉的 T 恤，她很喜欢，并把它们分发出去，她现在被称为潘多拉女郎。一般人会写博客，诉说他们的个人经历和故事来抒发心情，而潘多拉则是在有人离世之际，在海外游子思家心切之际，或者在迎接新生命之际抚慰亲爱的听众”。

潘多拉的会员会拉亲朋好友一起来听，他们觉得自己就像这家公司的化身。除了线上交流联系外，韦斯特格伦还主持市民集会，与市民面对面交流。他在创立潘多拉不久后，就开始举办这些公开的、没有剧本的集会，让听众有机会与公司管理者进行直接的和面对面的互动。这种集会一开始规模很小，只有几十人参加，但现在，举办了 500 多场之后，参加的人达到了好几百，而且可以持续几个小时。韦斯特格伦说：“我们的市民集会吸引了形形色色的人前来，小到 13 岁，大到 85 岁，连朋克摇滚乐手和拉斯特法理派人士（Rastafarians）都来凑热闹了。大家坐在一起，感觉就像是一个其乐融融的团体，音乐是彼此共同的体验。”

韦斯特格伦指出“个性化服务不能厚此薄彼，必须为所有听众铺上红毯，热情欢迎，我们潘多拉对谁都是张开双臂，无论你有什么爱好和技术”。亲自与听众沟通就能促进公司发展，当然主要还是靠朋友之间口口相传，支持者也会通过较正式的渠道帮潘多拉宣传，比如博客、聊天室和论坛。韦斯特格伦就有过这样的亲身体验，他与个别听众互动时会听到这样的话：“真是非常感谢，你们这个电台真的很好，我向所有朋友都推荐了。”“谢谢你们送的T恤，这个周末我穿上它参加朋友的生日派对，得到了很多积极回应。”在当前这个时代，一个人真的能影响到一群人。

韦斯特格伦说他的感觉是潘多拉从初创公司发展到大公司，不是一眨眼的事，他一直都知道自己想要创建什么样的公司，并且一直致力于实现这个愿景，所以当潘多拉跻身主流公司时，他早就做好了准备。通过提供明确的价值和一致的品牌承诺，潘多拉能够从初创公司转变为成熟公司，这一点与Salesforce公司是一样的。

Salesforce：开拓公司用户的典范

1999年，曾经在甲骨文公司做过销售员和高级副总裁的马克·贝尼奥夫（Marc Benioff）创建了一家颇具创新性的公司，专门帮助销售人员管理客户关系。这就是我们今天熟知的Salesforce公司，该公司现在是全球最大的客户关系管理方案供应商。它的模式与其他商业软件公司的模式截然不同。之前，常规的业务模式是销售软件光盘，之后再要求用户多次升级，并从中收取不菲的升级费用。但 Salesforce 的模式正好相反，它将自己定位为“软件终结者”，用户可以根据自己的业务需求定制并使用纯粹基于网络架构的客户关系管理系统，一旦公司订购了服务，就可以定期自动更新，不再需要一次次升级，而且 Salesforce 公司的服务是通过网络提供的，不需要安装程序，也不需要请专人维护，公司花在信息设备上的预算也随之减少。这一模式被称为“软件即服务”。

对此，贝尼奥夫发表了自己的见解，他认为互联网技术的进步使得非技术人员（甚至是销售人员）在不需要信息技术部门帮助的情况下，都能很容易地订购和使用商业软件，而且软件会自动更新，这是一个革命性的想法。这就是云服务的承诺：简单、高效、安全。这个想法帮助 Salesforce 公司实现了闪电般的增长速度。[5]

Salesforce 公司是“软件即服务”模式的先驱，这个模式意味着软件服务供应商会去帮用户打理软件自身的升级等问题，用户只负责使用就行了。这可以说是商业模式的一大进步。

同时，Salesforce 公司也采用了一种新的策略来培育这个市场，现在被称为“公司消费者化”。它不是直接把大型公司作为目标客户，不是直接去游说公司的负责人购买软件服务，而是有针对性地面对销售人员本身。销售人员表现得像消费者一样，自主做决定购买 Salesforce 的软件服务，这样可以让自己的工作变得更轻松。销售人员可以单独购

“软件即服务”模式意味着不需要用户自己去下载、管理或升级软件。

买，价格相对较低。Salesforce 的解决方案主要是为了帮助销售人员，而不是直接把整个公司变为客户。结果，销售人员很喜欢这种服务。这种服务不仅价格低，负担得起，而且功能也很强大。

尽管 Salesforce 公司最初的目标客户是销售人员，也就是他们的解决方案的终端用户，但从一开始，这家初创公司就期待与相关应用程序的供应商以及在公司范围内实施 Salesforce 公司解决方案的信息技术公司建立合作关系。Salesforce 公司旗下客户服务支援系统 Desk.com 的资深副总裁兼总经理莱拉·塞卡表示："Salesforce 公司不仅要促进自身同合作伙伴及客户的合作关系，也要促进合作伙伴与客户之间的合作关系。"[6] Salesforce 公司这一策略的聪明之处在于它和潘多拉一样，即便在初创阶段，也立足长远，不按传统套路去做品牌管理，而是鼓励终端用户社群和软件开发者社群的每一个人充分交流。

一旦 Salesforce 公司成功地吸引了足够多的用户，就开始进入下个阶段，把整个公司作为客户，找公司的高层管理者沟通，说服他们以公司名义采购软件服务。Salesforce 公司是这样做的。它先汇总一下自己的用户数据，看一看哪几家公司的业务员使用 Salesforce 的服务最多，然后派代表去跟这些公司的领导谈合作。他们一般是这样说的："看看你有多少销售人员已经购买了我们的服务，你难道不想集中采购，获得更多的控制权和价格折扣吗？"

在此之后，Salesforce 公司继续与自己的会员社群保持联系，建立论坛，在网上同会员进行对话，并认真倾听会员反馈的所有好消息和坏消息。塞卡说："我们在网上做了一个有趣的事情，让用户通过一款名为'保持核心功能'（True to the Core）的投票程序选出一些功能，每发布一个产品，我们就会把这些功能融进去。"

今天，Salesforce 公司是客户关系管理的标杆。它的战略真的是非常独特，即先把公司的营销人员发展为自己的客户，等到数量足够多时，再找公司谈合作，让公司集中采购它的服务。这种独特战略是其从一家混乱的初创公司成长为成熟公司的关键，因为一旦在一家公司内部拿下足够多的员工作为自己的用户，那么拿下整个公司就轻而易举了。该公司逐渐拥有了一个庞大的销售组织和越来越多的年度订购合同。这样一来，采取"软件即服务"模式的 Salesforce 公司仿佛变成了一家传统模式的公司，但它一直保持着会员制。

除了为销售人员提供服务和打造社群，该公司还投入大量资金为程序开发人员打造社群。Salesforce 公司为程序开发人员开发的 AppExchange 是一个应用程序市场，程序员开发出来的程序经过 Salesforce 公司审查后可以上传到这个市场供客户下载，有的免费，有的需要付费，这些应用程序可以让客户保存在 Salesforce 系统中的数据发挥更大的价值。就这样，程序开发人员社群和终端用户社群始终围绕着 Salesforce 公司互动。

Salesforce 公司的应用程序市场 AppExchange 和应用程序开发人员社群 Developer Force.com 最大的优点是合作伙伴可以在他们的应用程序上即时得到用户的反馈，并且可以根据反馈信息迅速改进自己开发的产品。这种社群降低了客户不喜欢新的应用程序的风险，因为程序开发者会收到改进建议。通常情况下，多个开发人员甚至联合起来开发一款新的产品，以迎合会员社群在讨论过程中表达出来的需求。

对于许多销售人员以及与 Salesforce 公司合作的程序开发人员而言，Salesforce 公司的社区是他们赖以实现成功、扩大知名度、发布招聘广告以及与志同道合的人建立关系的重要渠道。

使用权与所有权的分离颠覆了软件行业的传统商业模式，彻底改变了整个软件服务行业。它不断自我革新，如今不再只是为销售人员提供软件服务。2014 年，《福布斯》杂志连续 4 年将 Salesforce 评为全球最具创新精神的公司。[7] Salesforce 致力于持续创新，使其得以继续发展壮大，从一家初创公司成长为成熟的行业领导者。

我们能从这个模式中学到什么

如果你的公司给人的感觉像一艘飞船，会员就会蜂拥而至，因为他们用“酷”“低调”“颠覆之星”这样的字眼来形容你的公司。这样的话，你要确保你的公司有长远的发展计划。因为终将有一天，你会发现你的公司不再是会员经济先驱，美国网景公司（Netscape）、美国网络医生（WebMD）和 myCFO 等多家公司的创始人吉姆·克拉克（Jim Clark）所说的“新新事物”。这个时候，你要知道自己要做什么。

从初创公司转型为成熟公司看似困难，实则不然。每个人都

从初创公司转型为成熟公司看似困难，实则不然。

知道起步是很困难的，但是大多数人并没有意识到有多少公司在经历一个出色的初创阶段之后就开始走下坡路了。初创公司需要对潜在的风险做好准备，包括收入增速放缓、新旧会员之间的冲突。还有一个事情需要初创公司提防，即大公司最终会注意到你，将你视为一大威胁，而且后起之秀也会视你为一大威胁，它们与你的竞争会日趋激烈。

偶尔想出一个好念头并非难事，要做到持续创新则很棘手，而持续创新对公司发展具有决定性的影响，就算是对已经成功过渡到成熟阶段的公司而言也是如此。我们都见过在会员经济方面走向失败的公司，这类公司虽然顺利地从初创公司转型为成熟组织，结果还是难逃摔倒或失败的命运，门户网站雅虎、社交网站 MySpace、搜寻引擎 Ask Jeeves、云端服务 LoudCloud 等都是有代表性的例子。

最优秀的会员经济组织已经学会了进化。一般而言，它们的基础架构稳固，有可预测的营收、可信赖的评价指标及经验老到的领导层。严格来说，会员经济组织面临的挑战，其实来自它们自身的成就。很多会员经济组织曾经成功应对初创期的挑战，但最后还是走上了下坡路。

小结

要知道“前卫”或“酷”是把双刃剑，虽能加快初创公司的成长，但是无助于打造永久品牌。

进入扩张期，必须扩大会员的参与度和影响力。

一旦你证明了自己的运营模式、会员获取模式以及会员留存模式是有效的，那就积极地寻求把这些流程自动化，构建自动化架构。

评估一下你可以做出哪些重大改变来保持自己的锋芒，至少让一些人感觉到你的锋芒。

跻身主流公司后，考虑一下自己还有哪些优势可用。

要采取一些自我保护措施，提防那些尚未注意到你的大公司，它们可能会把你视为眼中钉。

第十九章 从线下到线上

几乎每一个会员制组织都会在一定程度上开展线上活动。然而，许多人并没有充分利用网络带来的重大机遇。在技术的辅助下，公司可以超越面对面接触的局限性，把自己的价值提供给更为广泛的客户群体。会员制组织完全有可能一边降低会员的成本，一边创造新的机会。从线下到线上的转变实际上需要态度的转变。一些组织虽然开展了网络业务，但实际上还没有完全转变为网络思维。获得网络思维并不是一朝一夕的事情。这意味着组织要用一种不同的方式与会员之间进行互动。

本章讨论的公司包括慧俪轻体、新闻集团（News Corp）和菲尔德博物馆（Field Museum）。它们启动线上会员制之前就已经开展线上业务了，只是还没有将优化线上体验完全融入它们的商业模式。

将会员制从线下搬到线上是很棘手的。通常情况下，线下的优势无法很好地转移到线上。此外，会员可能不想转到线上。理想情况下，组织会逐步过渡，并在此过程中提供许多选择。线上体验可能与线下体验完全不同。实际上，线上模式可能会吸引新的目标客户群体。如同任何重大的转变一样，对计划不断加以修补，尤其是在早期修补，是至关重要的。大多数从线下转移到线上的公司都认同一点，即事情并没有预期的那么顺利。所以为意外的挑战做好时间和金钱方面的预算是很重要的。尽管实现这一转型面临诸多挑战，但几乎每一个线下会员经济组织都必须应对，努力完成这一转型。任何不提供有意义的线上体验的组织都处于劣势。搞清楚如何利用过去几年的技术进步，可能会带来巨大的新机遇，而搞不清楚这种转变，几乎肯定会失败。

会员制组织如果要诱使或直接要求会员改变他们的行为方式，就会导致会员很难做出抉择。做这些转型动作的组织，急于在短时间内舍弃沿袭已久的服务和制度，而且一下子要求太多改变，势必冒着会员流失的风险。但优雅转型的可能性还是存在的，最终还能让网络服务变成公司的增长引擎，慧俪轻体和新闻集团在这方面做了最佳示范。

慧俪轻体：云服务为实体店锦上添花

作为一家全球领先的健康减肥咨询机构，慧俪轻体堪称在会员制方面做得比较成功的一个典范，它能够不断革新，实现了从传统模式向线上模式的转变，以满足其会员的需求。该公司的动力源自一个简单而坚定的使命：帮助人们达到并保持健康的体重。20 世纪 60 年代，该公司开始招募男性会员，我的祖父就是该公司首批男性会员之一（他总说自己是第一个男性会员）。近 40 年后，在我女儿于 2001 年出生后，我也加入了这家非同寻常的体重管理机构，想要变得更健康。

慧俪轻体不断进化成长，今日的它无疑是行业翘楚，每年营业收入超过 15 亿美元。[1] 这至少是其主要对手珍妮克莱格（JennyCraig）和营养系统（NutriSystem）的 3 倍。慧俪轻体网站的每月访问数量约 800 万人次，网络付费会员数量为 172 万。[2]

慧俪轻体一向善用会员制模式，要求会员持续按月、按季或按年付费，强调其社群特性。成功减肥的会员受邀成为终身免费会员，时而被请过去主持他们的会员见面会。慧俪轻体从不自满，从未停下创新的脚步，通过将会员制模式扩展到线上，大大创新了会员服务方式。

曾在慧俪轻体担任过首席执行官的戴维·基尔霍夫（Dave Kirchhoff）对我说，他是慧俪轻体的终身会员，自 2009 年以来一直致力于减肥。2012 年，他通过罗代尔出版社出版了一本书，名为《减肥老板：如何成功减肥以及如何驾驭食品失控的世界》（*Weight Loss Boss : How to Finally Win at Losing-and Take Charge in an Out-of-Control Food World*），在该书中谈到了他在慧俪轻体长达 13 年的工作经历和减肥方面的经验。2000 年 1 月，慧俪轻体从百事集团把基尔霍夫挖走了，当时他正供职于百事的集团战略部门，帮助集团发展纯果乐（Tropicana）这一果汁品牌。慧俪轻体给他的任务是将这个全世界最成功的会员制公司网络化。这真的很挑战一个人的智力，但恰恰是这种挑战吸引了他。当时，他知道自己面临以下几个挑战：第一个是知名度方面的挑战，即没人知道慧俪轻体要进军网络；第二个是收费机制方面的挑战，即公司网络业务是靠广告收入维持，还是依靠会员交费维持？第三个是服务模式方面的挑战，即采取线上线下结合的模式，还是仅仅采取线上模式？

最后，该公司决定整合线下和线上两端的服务和产品，将有共同减肥目标的人聚集起来成为其会员，实现会员付费模式，通过口碑营销，不在媒体上大肆做广告。基尔霍夫回忆说："做这个决定很艰难，因为几乎所有其他减肥机构都与雅虎等门户网站签订了免费的广告支持协议，请这些门户网站为其产品免费做广告。但我的观点是，如果我们的产品真的能帮助人们实现这个难以达成的目标，为什么还要去做广告呢？为什么要一些药房或食品公司去赞助你减肥，何况实际上还得你自己掏腰包呢？"

它一开始提供了三个互动模式供会员选择，分别是线上模式、线下模式和混合模式。令人惊讶的是，在最初的日子里，大多数人选择了线上模式或线下模式，混合模式在之后几年一直没有流行起来。

经过大量的尝试，再加上一点运气成分在里面，慧俪轻体建立了一个成功的模式。基尔霍夫说他在两个月内就知道这种模式行得通。它经常使用传统的消费品指标调查用户，以确定他们是否觉得自己的产品超出了预期，是否物有所值，是否值得推荐给别人。在最初的几年里，该公司把收入的 90% 用于产品研发，实际上是把整个业务都押在了产品研发上面。

慧俪轻体的产品开发理念是先观察会员的行为，然后以此为依据，打造实用的工具和特色。开发团队的成员要亲自看一看会

太多的产品经理依赖直觉和本能，而不是实际的行为数据。

员的行为方式，然后想办法让他们做起来更轻松。他们开始创建留言板，寻找会员之间自发形成的微社群，并根据这些活跃的微社群提供的建议创建内容和改进体验。他们注意到会员们在使用雅虎地球村（Geocities）等网站记录他们的减肥经历，便在自己的网站上增设了博客功能，让会员发表减肥感悟。有个事实非常有趣，即线上用户最看重的功能与线下完全不同，其中最值得注意的就是线上减肥方案没有“会员会面”模式，即不会组织会员在线下会面，而这个特色却是传统的慧俪轻体减肥项目的一个重要基石。

基尔霍夫鼓励产品经理像人类学家一样做事。太多的产品经理依赖于直觉和本能，而不是实际的行为数据，这很愚蠢，尤其是在网络社群里，毕竟有太多的数据有助于了解用户真正关心什么。为了开展线上业务，帮助会员像线下那样达到减肥效果，基尔霍夫始终以一种开放的心态去重新设计，甚至摒弃“会员见面”等传统做法，线上业务显著扩大了慧俪轻体的影响力。

与慧俪轻体一样，新闻集团拥有强大的品牌和辉煌的历史。它认为自己需要用不同的思维去思考如何在线上延续其线下品牌的影响力。

新闻集团：挖掘数字技术的潜力

2014 年 6 月，新闻集团子公司——英国新闻公司（News UK）

的首席营销官凯蒂·凡尼克–史密斯被提升为另一家子公司——道·琼斯的首席客户官和全球董事总经理。对于这位新闻集团长期雇员的晋升，没有人感到意外，因为她之前已经带领《泰晤士报》、《星期日泰晤士报》和《太阳报》的市场营销机构进入数字时代，并通过《泰晤士报》+《太阳报》+会员制+付费专区的模式，让报社与读者之间的关系发生了直接转变。[3]

在史密斯任首席营销官之前，营销在该集团中并不是优先考虑的业务，这和大多数报纸对待营销的态度是一样的。传统观点认为，发行量是最重要的数字，这个数字包括家庭投递数量和报摊销售数量。发行量提高了广告收入和广告价格，而这在历史上一直是报纸的主要收入来源。

当时，史密斯负责新闻集团新增的一个数字新闻平台。她意识到，一旦读者开始在网上获取新闻，他们对价格和价值的态度及预期就会发生巨大变化，于是她开始重新考虑公司的产品。

为了创造客户需要的东西，她首先努力改变公司的文化，如果不能改变整个公司，至少要先改变她的团队。她说，我们需要更多的创业心态，更多的机会主义心态，更多的尝试，更多的全球合作，以及更新颖的内容。[4]

她聘请了在社交和数字推广方面有专长的年轻营销人员，邀请技术团队的关键会员加入营销领域，并将销售和营销角色结合在一起，更多地关注客户终生价值。

一旦读者开始在网上获取新闻，他们对价格和价值的态度及预期就会发生巨大变化。

她没有考虑发行量和广

告收入，而是专注于创造与新闻集团各种品牌相一致的内容包，增加给客户创造的价值。这些内容包中，有些是数字版报纸和印刷版报纸的混合体，有些则包含了非传统的内容，比如专门为平板电脑准备的数字新闻，为会员捆绑了数字音乐服务商 Spotify 的服务，为会员创建能够提升阅读体验的新闻列表。整个公司也开始使用“会员”这个词语去描述客户，而不再用“订阅用户”，以此强调它与读者的情感联系。

此外，史密斯寻找非同寻常的方式与会员建立联系。例如，一旦新读者注册了英国新闻公司的会员，她就会向新会员发送一封私人定制的邀请，邀请这个会员与编辑见个面。[5] 它邀请了《太阳报》的几百名读者参加了一场战地摄影师见面会，给会员们准备了鸡尾酒和开胃小菜。总之，她要为会员创造特权，让他们参加一些非常特别的活动。

她的想法是，从线下向线上转变不仅仅意味着把印刷版的报纸原封不动地搬到网上，更是利用数字技术来扩大品牌的影响力和价值。史密斯没有把这种转变看作一种无奈的追赶行动，而是把数字技术看作提升价值的契机，同时开始更加关注客户的终生价值，而不是仅仅盯着广告销售量和报纸发行量带来的收入。

她的努力没有白费，结果就是读者在享受了免费数字服务长达十多年之后，终于愿意为捆绑的数字服务付费。与慧俪轻体一样，新闻集团决定对其创造的价值收费，把重点放在持续提供物超所值的体验上。虽然现在衡量这些措施对新闻集团的财务影响还为时过早，但新闻集团对于数字变革的承诺是其未来愿景的一个关键部分。

从线下到线上的转变并不局限于公司。非营利组织需要弄清楚如何通过技术来扩大它们的影响和价值。一个创新的例子是菲尔德博物馆，在这个博物馆的案例中，主要的创新无不得益于超级用户提供的好主意。

菲尔德博物馆：拥抱会员的创意

许多博物馆馆长和策展人对向会员做推广和营销怀有一种复杂的感觉。一方面，他们知道如果没有会员社群的参与，他们就没有理由存在（通常也没有办法存在）。另一方面，如果做推广和营销，似乎又与博物馆的使命不一致。

但菲尔德自然历史博物馆是个例外。菲尔德博物馆位于芝加哥，是世界上最大的自然历史博物馆之一，每年吸引 200 多万游客。该机构与会员沟通的策略已经有上百年之久，现在，它已经在技术创新方面完成了大笔投资，以加强与会员的沟通。

2013 年 5 月，菲尔德博物馆宣布与艾米丽・格莱斯利（Emily Glaslie）建立合作关系。她在视频网站 YouTube 科普频道上创办了一个名为“智力风暴”（The Brain Scoop）的科普节目。博物馆聘请她为“首席好奇心通讯记者”。

现在，每一两个星期，艾米丽都会发布一段 5~10 分钟的视频，介绍博物馆里一些很酷的东西。通常大约有 5 万人观看。就算没有几百人的话，至少也有几十人在视频下面发表评论，大多数评

组织与会员之间的双向沟通可以催生大大小小的创新。

论都是积极的。许多人对这些视频提出了进一步的问题。讨论和对话增进了人们对博物馆的认知度和参与度。

与艾米丽合作的想法并不是来自菲尔德博物馆自身。博物馆的一位会员联系了博物馆的工作人员，让他们知道了艾米丽的项目，并建议博物馆做一些类似的事情。这种组织与会员之间的双向沟通可以催生大大小小的创新。

在其博客"艾米丽·格莱斯利的脑力风暴"（Emily Graslie with Brain Scoop）里面，艾米丽·格莱斯利描述了她的新角色："比去游乐园还棒，不用排队；比见到你最喜欢的作家并得到他的亲笔签名还好；比初吻还好；比糕点和布朗尼蛋糕还好。"[6] 菲尔德博物馆也非常激动，因为它吸引了一群 13~18 岁的女访客（这一年龄段的女访客之前是出了名的稀缺），吸引了大量的媒体关注，也吸引了世界各地的粉丝。有此创新之举不代表博物馆的态度变了，或与会员的核心关系变了，反倒树立了一个绝佳典范，那就是经常对经营策略进行创新，来个小小尝试，竟有这么惊人的潜能。

我们能从这个模式中学到什么

简单一句话，会员期待能加入线上社群，如果你没提供这个渠道，会有其他人抢着做。要求会员改变行为方式可能有难度，你的明智之举就是另辟蹊径，提供新的参与机会，而不是强迫他们改变行为方式。无论是像菲尔德博物馆那样做一些小小的变革，还是像慧俪轻体那样将线下会员参与模式整个搬到线上，把数字变革视为催化剂，以期帮组织开创新的优势，都是令人赞赏的做法。

小结

想从线下转战线上，要先主动改变你的做法。你或许得彻头彻尾地改变，才能让在线模式给会员创造相同的收益。

首先要关注会员体验的质量，如果有价值，人们会付钱。

像人类学家一样去创新。观察你的会员在做什么，进而调整你的方法。

鼓励并听取会员的意见，他们可能有你没有想到的创新想法。

衡量一切重要的事情，从客户留存率开始看起。

第二十章
从所有权到使用权

正如我在本书开头所指出的那样，在历史上，我们的经济在很大程度上是按照所有权原则运作的。公司制造和销售产品，消费者和各类组织购买、拥有它们，享受私人所有权带来的权利，并承担相应的责任。

今天的会员经济与以往不同的地方在于技术发挥了更大的作用，客户能够通过云技术同产品和服务供应商建立直接的和持续的联系，因此，使用权模式有利于增强公司与会员之间的关系，提高会员的忠诚度，为会员创造更多的价值。

当个人对拥有太多东西引发的责任感到沮丧时，就会想办法减少所有权，同时寻找新方法去使用他们想用的产品和服务（想想自助存储行业为什么能取得成功就知道了）。

所有权与使用权的不同体现在多个方面。比如，收藏大量唱片，不同于在网络媒体（比如潘多拉和 Spotify）上听音乐；购买大量影碟，不同于享受流媒体服务，比如网飞和亚马逊；自己买车，不同于租车或搭顺风车去购物，比如租车公司 RelayRides 和 Zipcar；将自己买的软件下载到个人电脑里，不同于使用在线软件服务，比如 Adobe（奥多比）、财捷（Intuit）和 Salesforce 等公司都提供这类软件服务。

从所有权模式向使用权模式的转变降低了风险、前期费用和后期维护费用。

要让公司的经营模式从所有权模式过渡到会员经济的使用权模式，你首先需要退一步，看看自己的公司是否具备一些基础条件。任何好的公司的根源都离不开三个支柱：愿景、使命和文化。如果把公司比作树木，那么树干就代表公司的核心竞争力，树枝代表特定的产品和服务，公司管理层就像树木栽培者一样，负责照料树木，修剪不再健康的树枝，并用护根药物、杀虫剂和肥料养护树木，以保护树木不受外界恶劣环境的影响，就像保护一家公司不受暴躁的竞争对手和市场环境变化的影响。看看你的公司的根基和主干，然后问这些基本问题：

- 你的公司的核心业务是什么？你的公司为什么存在？你有哪些优势？
- 你的客户从不同的分支机构得到什么好处？
- 什么样的替代产品、服务或组织（即使不是传统的竞争对手）也能提供这些好处？
- 你有什么缺点令现在的会员抱怨最多？

在会员经济模式下，对会员而言，从所有权模式向使用权模式的转变降低了风险、前期费用和后期维护费用。若事与愿违，达不到预期结果，会员会转身离去。其实在这个转型过程中，不免出现会员流失的状况。从大额的整批交易转为小额的分期付款，你或许还会短暂经历营业收入下滑的困境，但没关系，只要你的转型过程顺利，这些损失将来会随着业绩蒸蒸日上而得到弥补。接下来，让我们来看看 Adobe、财捷和亚马逊这三家公司从所有权模式过渡到使用权模式的经历。

Adobe：成功从线下转型到线上

Adobe 从所有权到会员的转变吸引了媒体的大量关注，其中一些是负面的，但它实际上是一个非常成功的例子。

2013 年 5 月，Adobe 改变了模式，该公司旗下的 Adobe 应用程序以前是通过光盘的形式许可销售的，后来改成了在线服务，会员只能通过它的“创意云”下载。“创意云”允许会员下载软件，并提供一些与共享相关的新功能。

到 2013 年 11 月，它的“创意云”服务的用户已经达到 144 万人，推动股价攀上历史新高。尽管会员的注册速度快于 Adobe 最初的预期，但许多习惯了盒装软件的老用户对 Adobe 的做法感到不满，因为如果他们不注册，不付会员费，以前安装的软件就无法继续使用。除非他们重新订阅，否则利用 Adobe 软件做的项目就会停滞不前。不满的客户要求 Adobe 重新考虑停止盒装软件是否合理，但 Adobe 坚持采用会员制，只有在线订阅后才能继续使用。正如我们已经讨论过的那样，无论任何时候你强迫会员改变行为方式，都会产生一定的不良后果，会有会员流失的风险。

但有时这是值得的。美国网络媒体科技信息网（CNET）和杰富瑞投资银行（Jefferies）分析师在2014年联合开展的一项调查显示，尽管一些用户存在这些不满和投诉，但大多数用户还是打算续费，并改用云服务。[1]

我们把Adobe和慧俪轻体的经历对比一下。慧俪轻体在进军在线业务模式时，给消费者提供了线下模式、线上模式或混合模式。但Adobe没有提供选择空间，它一刀切地摒弃了线下模式，只能在网上交费下载，并因此遭受了一些负面评论，但最终还是兴旺起来了。它的做法无疑风险更大，但成本更低，也更果断。它没有承诺为其客户维护多个模式。如果它同时采取所有权模式和会员制模式，那么它可能会更为平稳地实现过渡。另一方面，如此明确的业务模式变化更容易促使Adobe积极地关注和改善客户关系。

财捷：从卖程序光盘改为订阅服务

和Adobe一样，财务软件开发商财捷起初也是靠销售程序光盘打下客户基础的。该公司深受欢迎的会计软件是速达系列软件（Quickbooks），这套软件方便小公司开立和管理发货单、付款、准备报税资料及处理员工薪资。该公司非常注重营销。它注意到客户需求正在改变，也认识到了新技术带来的无限可能性。它的首席执行官布拉德·史密斯注意到，许多公司正在转向订阅模式，这为用户提供了三个关键价值：

- 会员可以从任何地方，通过任何计算机下载软件，而且多个会员可以同时下载，这对拥有多个员工的公司而言至关重要。
- 会员不必经常购买最新的程序光盘，就能及时下载最好、最新的功能和服务。
- 会员可以直接与公司建立联系，提供比传统的客服中心更快、更有洞察力的服务。[2]

财捷同时还发现，如果改用在线模式，也有利于公司自身：

- 可以将数据存放在云端。
- 有利于发挥软件开发人员的网络效应，推动产品研发和升级。
- 有利于发挥用户的网络效应，让用户之间建立关系，提高用户的参与度和忠诚度。
- 能够带来经常性收入，有利于提高公司的估值。

史密斯曾表示，线上业务面临的关键问题在于“让初次用户变成二次用户，甚至是永久用户”。他承认这对销售打包软件的公司而言是一大转变。[3]

2000 年，财捷公司开始在网上提供速达系列软件。[4] 公司客户喜欢较低的初始成本、不断更新的功能以及能够远程联系员工。

有一个时期，该公司同时为客户提供速达系列软件的光盘版和在线版，所有用户都很满意。但一段时间之后，该公司决定停止销售价格固定的光盘版，强迫用户改变使月习惯，导致一些客户很沮丧，而且有一部分客户根本用不上在线版增添的新功能。许多客户认为新会员制模式的价值没那么高，而且加上后来更新的成本，总成本居然常常比之前一次性购买光盘还要高。客户的这些挫折感给该公司带来了很多问题。

> **公司客户喜欢较低的初始成本、不断更新的功能以及能够远程联系员工。**

例如，在一家结账流程很简单的小公司，只有一个人负责管理所有的会计事务，不需要多人在不同地点下载软件，也不需要额外的功能和持续的更新。因此，这些公司就像 Adobe 的一些客户一样对强制性的改变感到失望。即使从所有权模式逐步过渡到了使用权模式，财捷公司仍然失去了一些客户。

财捷公司从所有权模式到使用权模式的过渡是缓慢而谨慎的，甚至一度同时提供光盘版和在线版供客户选择。此外，它还尝试了有吸引力的促销活动，将习惯于购买软件光盘的用户转化为史密斯所说的“互联网服务客户”。也许是这家公司的动作太慢了，为其他采取会员制的会计软件公司抢占了一部分市场份额。

财捷公司因过渡缓慢而饱受批评，但看起来它的新模式似乎正在奏效，它宣称每分钟都有新用户在线订购速达系列软件。[5] 对财捷公司来说，一个较慢的方法比一个急躁的、强制性的改变效果更好。它的转型过程比较透明，清楚地把变革传达给了它的客户，再辅之以谨慎的规划和分析，最终成功实现了过渡。

从所有权模式向使用权模式转型初期需要考虑的三个关键因素

当一家公司从所有权模式向使用权模式转型，领导者一开始必须考虑产品、定价和沟通这三个因素。

第一，产品。要重塑你的产品，使其适合提供给会员订购，而不是像之前那样一次性地卖掉了事。换句话讲，你的产品要适应使用权模式，而不是所有权模式。这通常意味着你要一切重新开始。对科技公司而言，这意味着要具备一套新的基础设备。对线下组织而言，这意味着需要获得更多会员的支持，提供不断更新的数据或共享资源库。重要的是，新一代产品不能次于上一代，或者在理想情况下，甚至比之前的产品更好，就算短期内体现不出这一点，也要从长远角度更有利于会员。

第二，定价。定价机制需要重新考虑。在会员制模式下，会员在有限的时间内使用你的产品或服务，他们能获取的价值是什么？他们应该按照哪个期限交费？按月还是按年？要对老客户实施新的定价标准吗？要不要给老客户提供一种特殊待遇，以表彰和奖励他们的忠诚？

第三，沟通。要善于同老客户沟通，让他们了解将要发生的变化。尽可能地做到透明。如果短期内有好处，解释一下。如果短期内不会带来好处，只有长期优势，那就诚实地告诉客户。从所有权模式到使用权模式的转变会对你和客户之间的关系产生影响，他们将成为你的会员，而不是单纯从你那儿买东西的客户，这种关系是持久的。所以，在和客户沟通时，你要做到坦白和诚实。

亚马逊：将会员制嵌入经营模式

与财捷公司和 Adobe 公司不同的是，亚马逊是一个从传统的交易模式向会员制模式转型的零售商。尽管亚马逊在本质上仍然是一家零售商，但它已经以不同的方式尝试了新的会员制模式。

作为一家在线零售巨头，亚马逊在会员制方面的投资是开创性的。它从一家在线图书零售商起家，逐渐发展成为一家无所不包的零售商，一家面向各类零售商的技术平台，一家硬件公司，以及各类数字内容和服务的一个来源。其他公司可以从亚马逊身上学到很多优点，其中最重要的是通过亚马逊看到了不断创新和投资的价值。

多年来，亚马逊尝试过不同风格的社群和会员制模式。会员和社群是相互关联和重叠的关系，但它们并不相同。正如我们之前讨论的那样，会员是组织和会员之间一种正式的、持续的关系。社群是一群有共同兴趣的人之间建立的联系和交流。亚马逊在这两方面都进行了投资，其中最成功的三个例子是“亚马逊金牌会员”（Amazon Prime）、亚马逊论坛（Amazon Forums）和购物网站 Woot。

会员和社群是相互关联和重叠的关系，但它们并不相同。亚马逊在这两方面都进行了投资。

“亚马逊金牌会员”是一个付费会员项目。亚马逊的做法是让会员付费，这样他们就会享有更多的专属服务。支付会费换取亚马逊的服务承诺，这样会改变会员对亚马逊的情绪和心态。这就是一种有意的“额外收费”，是一种将自己塑造得与众不同的方式。亚马逊系统地、深思熟虑地加大投资，给会员提供更多专属服务，比如，免费两日送达服务（还努力实现当日送达服务）。

亚马逊为会员提供了额外好处，包括获得许多数字好处，比如 Kindle 电子书图书馆借阅服务、即时视频服务和音乐服务。尽管这些服务会增加亚马逊的成本，但亚马逊不惜成本就是想提高会员忠诚度，引导会员与它进行更多的接触。

我不确定“亚马逊金牌会员”是否让客户产生了社群意识，但他们的行为方式体现了他们对亚马逊的忠诚度。

亚马逊论坛是免费的社群。多年来，除了“亚马逊金牌会员”这个付费项目之外，亚马逊还在非付费项目上尝试了许多不同的策略。一个活生生的例子就是“亚马逊论坛”项目。亚马逊有几十个论坛。有些论坛，比如迈克尔·杰克逊论坛，非常活跃。很明显，有些人花了很多时间写他们的观点，回应其他观点，并回答问题。他们中的许多人都是狂热的评论者，有些人的评论超过 500 条。这些评论者经常会在每天 00：01 发表文章来回顾前一天新发布的产品和交易情况。顶尖的评论员为了获得地位和社交优势展开了激烈的竞争。一般来说，他们都不是专业的评论员。

Woot 是亚马逊在 2010 年收购的一家团购网站。[6] 它的口号是“每天团购一次”，以其古怪的氛围和忠诚的社群而闻名。Woot 可以让亚马逊尽情地探索会员社群和会员制。社群成员会发很多帖子，评论某一笔交易的质量如何，指出其他地方有更好的交易，或者鼓励其他人都去参加某一个特别好的团购。有些会员只是为了好玩，逗其他社群成员开心。有趣的社群是网站成功的关键。

为什么亚马逊要在会员方面做这么多投资和尝试呢？我认为这是因为它看到了建立持久的、持续的关系，并将其客户转化为会员给公司带来的巨大潜能。它对所有细分市场的研究为它建立会员社群和会员制奠定了基础。

我们能从这个模式中学到什么

技术的发展使许多类型的商业组织都能实施会员制。许多组织正在转变。虽然会员制模式对组织和客户都有好处，但并不是每个人都是赢家。对那些不想改变固有消费习惯的客户来说，新的会员制模式可能会让他们感到沮丧或不公平。

最优秀的组织会持续创新自己的商业模式，希望获得独特的竞争优势，寻找与众不同的投资机遇，持续给客户留下深刻印象、创造愉悦的感觉，而会员身份是一种有别于竞争对手的方式。然而，这些转型的公司需要谨慎、持续地为会员提供价值，而且价值要不断提升，以证明会员持续交费是合理的。

他们还需要确保自己的转型不会在忠诚客户中引起怨恨。Adobe 公司本可以比过去更轻松地从所有权模式过渡到使用权模式，但好在它在这场风暴中幸存了下来。财捷公司缓慢而小心地完成了速达系列软件的转型。亚马逊还在继续尝试和投资一个又一个的创新。这些方案中的每一个都行得通。

小结

提供额外的价值来证明会员的持续交费是合理的。

考虑保留之前的所有权模式，即使你说服一些人接受新模式，也有一些忠实的老客户习惯之前的交易方式。

确保变革的过程是透明的，与客户、员工、供应商和股东等利益攸关者进行明确的沟通。

研究和分析你的变革对所有细分市场产生的影响。

如果你强迫客户采用新模式，那就准备好失去一些老客户，并做好应对的准备。

第二十一章
从稳定状态到竞争式破坏

1997 年，哈佛商学院教授克莱顿·克里斯坦森在其著作《创新者的窘境》一书中对公司发出了警告。他认为，运营良好的公司并不会在市场竞争中获得“免疫力”，事实上，正是它们强大的流程使其处于危险之中。他断言，良好的商业惯例最终很可能会削弱一家大公司。[1] 即使是那些有竞争意识、敏锐觉察到客户意见、积极投资新技术的公司，也可能会失去市场主导地位。“竞争式破坏”有可能会发生。成功的公司常常会对竞争感到措手不及。在会员经济的背景下，如果一个组织不能切实依据商业模式的核心原则，也就是满足会员需求来运作，一旦有人创造出全新的替代性方案，能比既有的方案更快、更有效地迎合会员需要，或者成本更为低廉，那么该组织就会变得特别脆弱，恐怕只会被动挨打。

长期处于行业领导地位的公司往往只是想着如何填补漏洞，而不是开辟新天地。它们往往是迅速复制一下后起之秀的新产品，填补现有产品的空白，而不是利用自身的资源、人脉和声誉来实施重大回应举措，创造一些新的、特殊的东西，激励人们（客户、员工、投资者）团结在一起。迅速填补漏洞是好事，但有时仅仅这么做还不够。会员制经济利用的是新技术，这些新技术使得创造价值和传递价值的模式的成本更低，而且效果更具有可预测性。因此，以会员制为导向的公司可以迅速行动，扰乱其他公司，甚至是那些同样采用会员制的公司。在这一章中，我们来看两家颠覆了整个行业的公司——领英和爱彼迎。前者的巨大成功影响了许多行业，甚至专业协会也受到了冲击，它们本身就是会员组织。后者将目标瞄准了酒店业，而这个行业的公司除了普遍实施会员忠诚度提升计划以外，并没有多么深入广泛地实施会员经济模式。

领英：给会员创造更多好处的竞争式破坏

领英是对专业协会构成最大威胁的组织之一。根据市场调研机构电子营销（eMarketer）在 2013 年的调查数据，截至 2014 年 5 月，领英的会员数量已超过 3 亿[2]，其中有 40% 的会员每天至少查看一次账号[3]。领英正在创建一个由专业人士构成的超级社群。它为所有的专业人士提供免费的会员资格，并提供许多类似于专业协会的福利，包括：

- 一个由姓名和所在地点构成的联系人网络。
- 会员可以找到他们联系人推荐的工作、人员和机遇。
- 雇主可以发布招聘广告。
- 求职者可以查看招聘公司的资料，发现哪些联系人可以举荐自己。

- 会员可以张贴自己的照片，也可以查看别人的照片。
- 会员可以关注不同的公司，收到关于新会员和新优惠的通知。
- 会员可以将感兴趣的工作岗位保存起来，就像保存书签一样。
- 会员可以根据其他用户的状态更新给他们点赞或表示祝贺，以便建立关系。
- 新闻工作者如果想寻找某个专业人士，可以通过领英直接联系上对方，而不必通过专业协会。
- 会员可以看到谁访问了自己的个人主页。
- 会员可加入聚焦专业兴趣的小圈子，与志同道合者讨论问题，并可轻松邀请他人参与。
- 会员们在领英上创建自己的兴趣小组。换句话说，领英群组提供了类似于专业协会的功能。
- 会员可以向自己所在的小组提问，并可得到实时反馈。

下面我举一个例子，说明领英如何改变了个人与他们的专业协会打交道的方式，以及这些协会为什么对领英的发展势头心存忧虑。有一个专业协会，名叫个人历史学协会（Association of Personal Historians），网址是 personalhistorians.org。该协会多年来一直在努力增加会员。据该协会主席萨拉·怀特（Sarah White）介绍，自 2008 年以来，该协会的会员人数增长势头几乎停滞，一直未能突破 650 人。与此同时，在领英上面，该公司的社群成员在同一时期从 0 增长到了 1000。[4]

我给专业团体做演讲时，总是问现场听众有多少人在用领英。

像领英这样的私营公司可以发挥专业协会的许多功能，而且往往比协会本身做得更好。

几年前，只有一小部分听众举手，可能只有 1/4。但到 2014 年，90%~95% 的人都会举手。领英已经成了每个职业人士的数据库，上面还有完整的简历。

领英也可以创建公司简介。它可以告诉你一家公司在过去的 6 个月里雇用了多少人以及他们的头衔。如果你看到一家公司的 14 名员工中，有一半人的头衔上写着“国际”这个词，你就可以推测这家公司正在走向全球。这些数据很有价值，专业协会的许多好处也因此没什么价值了。

像领英这样的私营公司可以发挥专业协会的许多功能，而且往往比协会本身做得更好。许多协会正在努力应对这些挑战。它们有着悠久的历史、庞大的会员规模和可观的预算。它们享受着强大品牌和明确使命带来的好处。但它们一直很难跟上技术发展的步伐，难以在会员经济模式下出奇制胜。如果它们没有兑现使命和承诺，会员会把目光投向别处。而现在，许多会员都想用更快、更简单的方式来建立联系，与时俱进，影响未来。现在，非营利组织也有蓬勃发展的机会，但前提是它们必须专注于持续创新，吸引新会员，而不是沉湎于过去。

领英共同创办人艾伦·布鲁真的是一位专业的会员制专家。布鲁犀利的洞见，不仅让专业协会的负责人觉得特别受用，也切合了各类会员经济组织的需求。

布鲁提出了一个基本前提，即我们有充分的理由相信线上系统是实现相同价值的捷径。如果一个组织把重点放在技术上，让人们能够以新的方式获得他们需要的价值，而不仅仅是为自身带来好处，那就可以利用技术让事情变得更简单，让人们处理事情的速度变得更快。由于技术的发展，各种线上社群纷纷涌现，为人们提供了更快、更廉价的方式来发现新的人脉，并与之前认识的人保持联系。有了更多的选择之后，人们希望线下的组织能够清楚地说明为什么会员要投入时间和金钱去参加一年内举办的 4 次会议或者每周在当地比萨店举办的集会。[5] 这些线下的会议和集会与线上的相比有什么特殊价值吗？

布鲁指出，对老牌的会员制组织而言，解决问题的方案就是回归核心使命。它们要了解其会员缺的是什么，找到不同的方式来服务他们，并包装自己能够提供给会员的价值。布鲁建议这些老牌的会员制组织考虑暂时搁置尚未完成的历史遗留项目，以便重新思考其会员真正想要的是什么。这种企业家的视角可能是组织需要有创造性地思考如何保持自身的重要性和增强优势来维持长期的关系和品牌。

领英的初衷或许不是扰乱高管招聘、正式社交团体和专业协会，但它确确实实起到了这样的效果。相比之下，爱彼迎则是有意扰乱酒店业，而且它已经成功地做到了这一点。

爱彼迎：奠基于社群的竞争式破坏

说起一种新的商业模式颠覆整个行业，爱彼迎经常被拿来作

旅行者可以通过更真实、更有人情味的方式收获住房体验，房主也有机会通过出租自己的房子结识更多陌生人。

为例证。它颠覆的行业是酒店业。该公司帮助人们释放了家中闲置房间的价值，这些闲置房间可以出租给旅行的人。房主能够获得额外收入，旅行的人也有了一个更实惠的住宿方案。每个人都是赢家（除了酒店、汽车旅馆以及那些对酒店业征收所谓“政府调节基金”的政府部门）。

爱彼迎所做的不仅仅是促成廉价的房屋出租生意，还致力于打造会员社群和归属感。旅行者可以通过更真实、更有人情味的方式收获住房体验，房主也有机会通过出租自己的房子结识更多陌生人。如果没有爱彼迎，他们可能永远都不会遇到这些客户。

归属感和社群建设对爱彼迎来说至关重要。事实上，该公司专门创造了一个新词“Bélo”来描述这种新的归属感。该公司推出带有这个词的新标识时，在博客上写道：无论我们第一次是怎么加入这个社群的，我们都知道入住并不是一笔交易。这段感情可能会持续一生。这是因为你从爱彼迎获得的回报不仅仅是财务上的，它们对房东和客人都是有益的。新技术容易让彼此保持距离，爱彼迎却在用新技术把人们聚在一起。通过爱彼迎，你正在挖掘人类普遍的渴望，无论一个人在哪儿，他都渴望归属感，渴望被欢迎，渴望被尊重，渴望被欣赏。[6]

爱彼迎商业模式的革新之处在于它不是单纯聚焦于交易，而是聚焦于归属感，触及了人类内心深处的需求，激起了旅行者和房主的共鸣。虽然住在陌生人家里并不是每个人的理想旅行体验，但较低的价格，加上人际关系的强化，使得爱彼迎的增长非常迅速。

根据美国最具影响力的商业杂志之一《快公司》（*Fast Company*）于2014年3月发表的一篇文章，爱彼迎目前拥有55万名房东作为会员，遍布192个国家或地区，照此速度扩张下去，它的规模将很快超过洲际酒店集团和希尔顿全球酒店集团，成为全球最大的连锁宾馆集团。爱彼迎的联合创始人布莱恩·切斯基（Brian Chesky）表示，他希望将爱彼迎发展成一个成熟的酒店品牌，并表示他在爱彼迎身上看到了一个可以让四季酒店提供的许多服务走向“大众化”的机遇。目前，酒店运营商正摆出一副勇敢的面孔，表示爱彼迎永远无法创造他们给会员提供的那种体验，而且现在酒店的业绩还很好。[7] 但在我看来，这些酒店听起来颇像2009年前后的巴诺书店（Barnes & Noble）。

即便采取会员经济模式的公司，也会遭受竞争式破坏

现在破坏公司的因素与以往没什么区别，不同的是经济形势的改变和新入行者的崛起导致那些资格较老的公司也面临危险。会员经济模式能够给公司带来经常性收入，但恰恰由于这个原因，它们对消费者行为方式的改变不那么敏感。会员行为方式的变化往往要过一段时间才会显现，这使得管理层容易忽略不断变化的市场环境。

这时候，如果这家公司给会员提供的好处并没有什么明显特色，在其他公司也能随便获取，那么这家公司就要麻烦了。比如，

一家报社为了吸引订阅用户而免费提供T恤，一家博物馆为了吸引访客而提供馆内商品打折，或者免费提供马克杯，它们就麻烦了。对那些想要成为长期会员以及希望与这类组织开展长期互动的会员而言，这样的好处是无关紧要的。到头来，这类好处或许只能吸引那些喜欢免费领一个杯子的人。（你真的希望那些只想免费领一个马克杯的人成为你的会员吗？）

前不久，我与一家公司（我的客户）聊过这种情况。当时，它正想从基于广告的出版模式向订阅模式转变。它的方法是免费提供所有的内容，外加合作伙伴提供的一些电子书（在合作伙伴的网站上可以免费获取），并赠送先前活动剩下来的一些带有公司标志的服装。

但这家公司没有对客户进行细分，不了解哪类客户对哪类好处感兴趣。公司需要花时间去分析这些人喜欢什么，以及可以从其他地方得到什么。它提供的所有好处无非是一些免费和廉价产品的简单组合，这对它而言是很轻松的，成本也低廉，但这些不是客户真正想要的。许多内容导向的公司都尝试过这种方法，即尽可能多地收集内容，以客户每月付费的方式提供出去，但事实上，它们的会员可能希望深入了解一些关键领域，或接触到由志同道合的人组成的社群。在很多情况下，会员想要的并不是公司赠送的实物，而是这家公司策划的展览和组建的社群。如果一家公司提供的主要好处是会员社群，那么这个社

在很多情况下，会员想要的并不是公司赠送的实物，而是这家公司策划的展览和组建的社群。

群的会员数量必须足够多，才能产生网络效应。换句话讲，加入社群的最大好处，就是与志同道合的人聚在一起，加强会员之间的关系和感情。

许多公司看到了客户对专业社群的需求，比如专门面向父母和家人的社群，专门面向专业人士、业余爱好者，甚至寻找爱情的人士的社群。公司为这些人群建立针对性的在线社群，等到人数足够多时，自然就产生了网络效应。一旦这类社群建立起来（可以想一想脸书、领英或默契网之类的社交网站），那么公司本身就不必为支持这些社群而投入大量资金，即使公司没有创造出什么新的内容、功能或实际好处，社群本身也是有价值的。

通过观察数字新闻网站 Mixx 和线上音乐服务商纳普斯特等公司面临的挑战，以及一些颠覆了新闻、音乐、书籍和酒店等行业的创新，我们能从中学到什么？当竞争对手开始蚕食固有的商业模式时，即使是最大、最稳固的行业，也会趋于崩溃。

我们能从这个模式中学到什么

如果一家公司取得了成功，它的领导者往往会认为昨天成功的经验适用于明天。当一切都很顺利的时候，很难想象一些小的变动最终竟然会扰乱你的生意，重塑你的行业。然而，正如英特尔前首席执行官安迪·格鲁夫所说，只有偏执狂才能生存。全美餐馆协会首席执行官道恩·斯威尼每隔几个月都会问其工作团队一个问题："如果你想让我们倒闭，你会怎么做？"你自己也要经常思考一下这个问题。也许避免被后起之秀颠覆的最好方法就是尽可能多地和你的会员保持联系。会员对公司、协会、博物馆、商店的忠诚度越高，竞争对手就越难把他们挖走。你需要对新技术和新的商业模式做预防性评估，将会员置于你的商业模式的核心位置。如此一来，无论后来者带来多少挑战，你依然能在业界屹立不倒。

小结

造成会员经济混乱的三个关键因素如下：

- 会员经济本身的原则。一般来说，如果一个组织采用的是非会员制模式，但正在思考如何运用会员经济原则，那就容易给公司带来破坏式创新。
- 闲置价值的释放。以闲置资产形式存在的价值一旦得到释放，就可能给会员制模式造成冲击。
- 新技术。新技术的发展可以为颠覆性创新造就条件。公司应该充分利用每一个新的、重大的技术进步实现跨越式发展，而不是坐等后来者颠覆自己。

如果一个组织让会员为之前的费用买单，那就面临着被后来者击垮的风险，毕竟后来者没有沉重的历史费用包袱。

随着一个组织的成长，它更有可能成为其他组织的眼中钉，从“破坏者”变成“被破坏者”。

后记

今天开始向会员制过渡，如何着手？

恭喜，你已经读到本书的后记，应该已经准备好运用会员经济的最佳做法了。你希望进行一些变革，以帮助你和你的组织更好地实现目标。

你或许会问："接下来如何着手呢？"

斯坦福大学教授杰夫·普费弗（Jeff Pfeffer）和鲍勃·萨顿（Bob Sutton）在他们合著的《知行差距》（*The Knowing-Doing Gap*）一书中指出，分析必须能为行动提供灵感。我想激励你采取行动，无论这个行动是大还是小。我想帮助你一读完本书就开始行动。

然而，在你开始采取行动之前，我想再提供一些工具，以确保你的探索之旅成功收尾。接下来，我将分享一些建议，谈一下如何将你学到的理论知识应用到实践中。我从你应该先做哪些事情讲起，然后针对我们讨论过的每一类公司提供一些具有普遍适用性的建议。

你现在应该做什么

你应该先放下这本书，拿起笔来。花一些时间去反思一下你学到的东西。这里有 10 个问题或许能给你一些启发。快速回答每一个问题，不要太在意细节。

- 会员经济模式的哪些地方对你有吸引力？哪些地方能引起你的共鸣？
- 你认为哪个组织能从会员经济中获益？你工作的地方？你关心的某个非营利组织？
- 第二部分讨论的策略中，哪一种最吸引你？
- 第三部分描述的组织类型中，哪一种最像你的组织？
- 有没有哪个案例特别吸引你的注意力？为什么？
- 你是否正处于一个转折点？你是否有机会再创新高，并改变你的组织？
- 如果其他组织挖走了你最好的会员，它是怎么做到的？既然会员对你的忠诚度很高，竞争对手的哪些价值主张会吸引他们离开？
- 在你的团队中，谁能帮助你思考如何利用会员经济的机会？
- 还有其他什么资源、技能和经验可以帮助你做出你想要的改变？你知道有哪些人可以帮助你，比如导师、同事或付费顾问？

- 如果有什么事阻止你现在做出一些小小的改变，那是什么呢？你怎样才能清除这些障碍？

你思考了一段时间之后，可以征求一下同事的建议，但征求对象的数量不要太多，建议不要超过三人，因为如果你想先和同事达成共识，然后再去创新，真的很难。如果他们已经熟悉会员经济的措辞，那很好，但其实也没必要非得如此。你可以把他们带到一个房间里，对他们说，我有一些想法，想听一听你们的反馈，然后开始分享你的想法。

你可以先设定一个小目标，找一两个机会小试牛刀。最好选择一些易于管理的目标入手，而且一旦这些目标实现，就能产生重要的影响。选择你喜欢的目标。你从哪里开始并不重要，所以从一个让你感到兴奋、让你感觉轻松的目标开始吧。接下来就是行动了：开始收集数据，设计变革计划，并寻求他人支持。大家商量好两天见一面，看看进展得怎么样。不要浪费太多的时间，因为你正处在努力给自己积累动力的阶段。

请看第六章关于新人入会体验的讨论。如何增强会员的参与感和支持度，来实现你想要的改变？最重要的就是好玩有趣，并奖励会员的贡献。这个会议应该让人感到有创意和兴奋，而不是像例行工作一样枯燥乏味。任何组织几乎都可以从任何地方开始着手，任何数量的案例研究、策略和目标都可以作为灵感。然而，有些策略似乎对某些类型的组织特别有效。以下是一些具体的建议。

针对各类组织的建议

下面是给各类会员组织的负责人和主管提出的行动建议，可别以为自己属于某种类型的组织，就非得拘泥于那类组织标签下的建议，不要束缚自己的手脚，我鼓励你详细参考我给各类组织提出的建议，从中寻找启发。我发现某几类组织迎接的挑战和机会其实很类似，便试着为其中几个做清楚的定位。

我真心希望你能试着落实一下我在这里提出的策略，并把它们的实际效果告诉我。

数字订阅模式

如果你打算经营订阅业务，首先要确定这个模式可行，再砸下大把银子宣传也不迟。要是你刚准备起步，在正式启动订阅模式之前，先搞清楚这个模式是否行得通。这种谨慎态度绝对是值得的。如果你的订阅服务已经上线，得保证你的产品和优势符合会员需求。现在就问问自己以下几个关键问题：

- 你的价值主张是否能打动目标客户？
- 你的会员是否愿意永远为你的服务付费？
- 你的会员注册和入会流程是否高效，或者说你的会员获取渠道是否存在什么漏洞？
- 在投入血本增加会员之前，你百分之百确定你的会员在争取过来之后会永远忠诚吗？

- 你是否同时拥有短期和长期的商业策略?

> **在你投入血本增加会员之前，要确定你的会员在争取过来之后会永远忠诚。**

刚开始尝试会员制的时候，尝试着只提供一种产品，因为这样比较不容易混淆，而且可以在将来调整价格。记住，强大的订阅业务必须有很高的客户留存率。如果你还没做到这一点，那么你在进一步投资营销之前要先解决这个问题。另一方面，确保新会员不断加入，因为新会员的加入能够证明你的产品还有意义。永远不要混淆惰性和忠诚，换言之，不要误以为会员不离开你，就是忠诚的表现，这其实也可能是他们的惰性导致的。一旦你的产品不符合他们的需求，他们可能立即选择离开。

我也想看看最活跃、最忠诚的会员是如何利用社群来建立特色的，这或许有利订阅模式的发展。我还想看且搜集汇整的资料究竟潜藏什么价值，或许可以包装成商品出售，或者衍生成其他服务。

在线社群

如果你刚刚起步，最棘手的事情可能是创造足够的价值来吸引第一批会员。如果你面临着这样的挑战，我建议你考虑三个选项:

- 先提出一个看似不起眼的价值主张。领英创立之初，提出的价值主张就是为会员提供一个公开发布简历的平台。这就足以吸引会员争相发布了。等到会员数量达到足够多时，这个网站给会员带来的其他相关好处也就随之而来了。

- 培养合作伙伴关系，争取到一大批关键会员，最好是一群志同道合的人，他们相互信任和相互帮助。
- 为你的会员制组织培养积极主动的参与者，即使你必须付钱给他们也在所不惜。

另一方面，如果你已经建立了一个庞大的社群，那么你现在更有可能专注于如何从社群中赚钱。首先要了解最活跃的用户对产品的需求。来自这些用户的请求可能催生新的定价层级。强大的社群和社交网络通常需要货币方面的帮助，因此，我鼓励你考虑一下这些边缘用户需要什么额外的价值，他们可是最有可能为新服务付费的一个群体。

会员忠诚度提升计划

如果你正在运作一个会员忠诚度提升计划，我的一个大问题是：你如何将忠诚融入你的整个商业模式，而不仅仅是一个营销计划？你能否在你的组织中获得所有人的支持，为会员提供差异化的体验？

即使你的同事们暂时还不支持你的观点，我依然建议你集中精力为那些最好的会员提供独特的体验，而不仅仅是经济上的小恩小惠。最好的东西往往是金钱买不到的。你可以带会员去一些特别的地方吗？能让他们接近那些他们平时不可能遇到的人吗？你能帮助他们消除旅行过程中的压力吗？

或者，如果你真的很有野心，我建议你把之前的计划推倒，一切重新设计。你可以反思一下：忠诚是什么意思？你想奖励会员的什么行为？如果你真的奖励忠诚，那会是什么样子？什么样的奖励能真正产生良性循环，让会员越来越忠诚？你能不能根据自身的独特优势设计出一套独特的计划，既不适合你的竞争对手，也不适合其他任何组织？利用你收集的数据来跟踪会员的消费行为，改进你的产品，不要中途取消计划，以免令会员感到震惊。

太多的会员忠诚度提升计划无非是商品销售计划，初衷只是引诱会员大量购买，购买数量越多，折扣越大，无法创造出真正的会员忠诚度，也无法真正加强会员关系。不要做这类忠诚度提升计划。你要找机会创造出一些特别的东西。

传统的会员制公司

如果你告诉我你的公司已经是一家成功的会员制公司，我会要求你从头开始考虑你的使命，以确保你能用今天最新的技术和最好的方式为会员提供价值。

在过去的 20 年里，技术已经发生了重大变化，大多数公司并没有像诞生于数字技术时代的那些公司一样完全适应这些变化。要改变整个公司文化以适应新技术发展态势，可能存在一定的难度，但一种更简单的方法是收购初创公司或者创建独立的子公司，给它赋予的任务就是寻找创新机遇。邀请你的团队成员集思广益，共同思考一下自己的公司在什么情况下会被摧毁。看看能否先做一个小试验，检验一下你激进的创新想法是否行得通，是不是有

邀请你的团队成员集思广益，共同思考一下自己的公司在什么情况下会被摧毁。

潜力和冲击力。

此外，我还要鼓励你在持续改进方面不断投资。

小公司和咨询公司

如果你经营的是一家小公司，同样有很多机遇向会员经济转型。你可能已经与你最好的客户非常熟识了，并且建立了良好的个人关系。他们在面临什么挑战的情况下成了你的会员呢？除了你今天帮他们所做的事情之外，还能如何帮助他们呢？你是否有办法让你的客户建立以你为中心的社群？

你能利用自身规模小的优势为会员提供定制化的体验吗？所谓定制化体验，对我家附近的餐厅来说，意味着开放会员寄存或寄卖个人收藏的酒品，对独立顾问来说，意味着你以老板的身份亲自接待客户，而不是让初级人员去接待客户。要给会员创造更多好处。

如果小公司发展会员经济，关键是聚焦客户需求，给客户提供特殊的专属服务，让客户感到自己得到了公司的高度认可。客户都想要得到理解和欣赏，希望得到独特价值。小公司反倒便于充分理解会员的需求，比其他任何类型的组织更容易建立会员社群。

非营利组织、专业协会及行业协会

教堂、博物馆和工会等非营利组织堪称历史最为悠久的会员制组织，但这个优点反倒成了一个缺点。它们已经存在很长一段时间了，这意味着它们有真正忠诚的会员，但这些会员通常对这些组织的影响非常大，导致其管理方式可能不容易吸引新会员的加入。

你最近一次考虑改进产品、筹款计划或会员管理方案是什么时候？设想一下，如果你很有抱负，期望实现新的使命，那么让你一切从零开始，创建一个新的组织，你还会给会员提供同样的产品或服务吗？如果一家初创公司非常优秀，可能导致你破产，你应该怎么做？这和我为传统会员制公司提出的建议是一样的，因为这两类组织面临的很多挑战是相同的。

许多非营利组织和协会将它们在创新方面面临的挑战归咎于预算紧张，增长乏力，但有时候主要问题不在于此，而是没有找到应该聚焦的方向，没有充分发挥自己的智慧。我建议你把那些资金紧张但很有创新能力的初创公司视为榜样。这些公司或许能让你找到一些灵感。比起其他大部分组织，作为历史悠久的非营利组织，你的一大优势就是对会员的信息掌握得更多，同会员接触得更频繁，因此，要利用这个优势更加深入地为会员把把脉，了解他们最关心的是什么。看一看调查猴子公司、莱克伍德教堂或健身公司 CrossFit 等，或许能帮上你大忙。

最后，我知道你经常面临治理方面的挑战。在一家营利性的公司里面，所有者的利润决定了公司的成功程度，但非营利组织一般没有这种所谓的“所有者”，所以非营利组织经营得是否成功，就不能用传统意义上的利润来衡量，而是应该根据完成既定使命的程度来衡量。这类非营利组织必须确保自己的使命清晰明确，并且拥有一个结构良好的行动计划。在非营利组织，董事会和各种委员会等管理机构的作用就是确保这个组织的使命清晰，并得到落实。非营利组织能打出的唯一一张牌就是解雇它的首席执行官，只要你把注意力集中在客观指标上，这些指标可以衡量实现既定使命的进展，你就更有可能获得董事会的支持。

结语

不管你效力于什么样的组织，都要保持一种饥饿感，坚持创新不动摇。不断测试你的假设，保持质疑，关注宏观趋势。最重要的是，不要光盯着自己，还要看一看外面的世界。寻找能和你一起踏上旅程的人。也许他们在你的公司里，你很幸运有这种志同道合的同事。但是如果你找不到支持会员制转型的同事，就去找那些支持你的导师和同辈人员，即使不在同一个组织效力也无妨。

读完商业书籍后，我面临的最大挑战之一就是思考我读到的东西与如何应用之间的差距。但有时候，在我最需要帮助的时候，偏偏无法从这些作者那里得到帮助，感觉就像自己被他们抛弃了一样。因此，如果可以的话，我想和你们每个人一直在一起。所以我给你一个提议，如果你在读完本书后希望将会员经济理念引入你的组织，请告诉我。我正在建立一个在线社群，把支持会员经济理念的人聚在一起，请给我发一封邮件到 rbaxter@peninsulastrategy.com，把你的具体问题告诉我，我会尽力回答。祝你好运，请与我保持联系。

致谢

写这本书是我做过的最具挑战性、创造性的事情之一，同时也是最令我感到沮丧和最有益的事情之一。写一本书就是走上了一条孤独而非凡的道路。作为一个外向的人，我很难以这种方式工作。所以，我联系了很多人寻求帮助。令人惊讶的是，我联系的几乎所有人都慷慨地为我贡献了他们的时间和专业知识。即使是我付费请过来的专业人士也给我提供了超出预期的帮助。没有我的同事、朋友和家人，我永远不会完成这本书的写作。我要向许多人致以最深切的谢意。

首先，我要感谢会员经济领域的先驱们，他们允许我在本书中收录他们的故事和言论，并为我介绍人脉资源。这些先驱包括：Jim Adkins，John Baker，Kerry Barlas，Iniko Basilio，Bob Baxley，Jamie Beckland，Dave Beckwith，Alex Benn，Allen Blue，Bruce Clarke，Miranda Coykendall，Elizabeth Crosta，Kevin Donnellan，Michelle Epstein，Michael Geller，John Graham，Reggie Henry，Gene Hoffman，David Hyman，Brian Jacobs，Vineet Jain，Arthur Johnson，

Matt Johnson, Ajay Kaushal, Clark Kepler, David Kirchhoff, Tom Krackeler, John Kremer, Becca Krass, Jimi Letchford, Praveen Madan, Fran Maier, Tim Maly, Lisa Mann, Tim McDonald, Chris McGill, Nick Mehta, Cathi Nelson, Guy Nirpaz, Lindsay Pedersen, Rajesh Ram, Nancy Redd, Joff Redfern, Tanya Roberts, Cary Rozenzweig, Garret Seevers, Leyla Seka, Paul Shoemaker, Josh Silverman, Anne Marie Squeo, Mollie Starr, Dawn Sweeney, Tien Tzuo, Camille Watson, Tim Westergren 以及 Michael Wu。

我还要感谢一些客户，他们允许我在他们的公司试验新想法，让我参与会员制商业模式，这给了我很多启发。

我要感谢我早期的审稿人。我很幸运地拥有一些具备写作和编辑能力的朋友和同事，他们为我审阅草稿，并给我反馈。这些才华横溢的人花了很多时间阅读和编辑我的草稿，表现出了深深的爱和鼓励。他们是 Rebecca Bloom, Oona Ceder, Liza Hanks, Seth Kahan, Camille Landau, Cindy Lee, Laura Lowell, Linda Popky, Becca Britton Pecore 等人。他们迅速而仔细地审阅了一些章节，让本书更加完善。

我和乔安娜·斯特罗布（Joanna Strober）建立了友谊，她是畅销书作家和支持会员经济模式的企业家，也是我在日常生活中获得支持和智慧的源泉。

我要感谢一些闺密，她们一直耐心善良地陪我度过这个漫长的旅程，即使我忙得无法及时回复她们的电话，她们依然愿意支持我。当我陷入困境时，她们让我看到了一线光明。她们是 Julie

Andersson，Roxanne Bozdog，Lauren Calhoon，Maile Creamer， Jeanne Lowell，Laura Missan，Jessica Olson，Parke Treadway 以及 Jill Zanolli。

我还要感谢我的同事们，谢谢他们鼓励我要宏观思考，尤其是下面这些人：Scott Edinger，Seth Kahan，Lisa McLeod，Linda Popky，Libby Wagner 和 Scott Wintrip。

我还要感谢我的顾问艾伦·韦斯（Alan Weiss）教导我许多事情，当初就是他要我认真思考撰写一本商业图书。我也要感谢这么多年来，韦斯的社群成为我的良师益友，给我提供建议和鼓励。

在写这本书期间，我不断打扰那些写过书的朋友，感谢他们不厌其烦地回答我所提出的诸多问题，比如如何寻找经纪人，如何提交编辑和如何营销。这些来自女作家社群的朋友包括 Leslie Crutchfield，Denise Brousseau，Dorie Clark，Heather McLeod Grant，Bill Lee，Charlene Li，Liz Lynch，Roberta Matuson，Sharon Meers，Adrian Ott，Amanda Setili，Andrew Sobel 和 Lisa Solomon。

我要感谢专门从事出版和写作的朋友们。他们给我鼓励、指点和协助。我的写作老师 Mark Levy 帮我找到了如何发出个人声音的良方，激发了我的创造力。Sarah White 在漫长而紧张的独立日周末还帮我调整了整本书的结构，然后和我一起润色，直到最后期限。Wally Wood 把我所有的章节整理成了一个流畅的故事。我的经纪人 Ted Weinstein 督促我把出书提案写得清楚、严谨又有说服力，还帮我跟麦格劳-希尔出版公司签出版合同。我还要感谢 Donya Dickerson 和麦格劳-希尔出版公司的其他团队成员，他们看到了会员经济的前景，接受我的出版提案，使得这本书得以出版，这些人包括 Scott Kurtz，Cheryl Hudson，Roberta Mantus，Ann Pryor，Robert Swanson，和 Chelsea Van Der Gaag。

最后，我想对我的家人表示感谢。我经常在孩子们面前讲会员经济的事，他们已经听够了，他们自己或许都能写一本关于会员经济的书了。我的妹妹是一位优秀的作家，她激励我变得更加坦率真诚，让本书为读者提供更大的帮助。感谢巴克斯特家族和阿古斯汀家族所有一直不懈支持我的人。我的父母读了好几遍这本书，给了我详细的反馈，毫不掩饰地鼓励和支持我。

还有鲍勃，我有时候会在他睡觉时叫醒他，向他倾诉我的烦恼。从我们大学二年级开始，我写的每一个字，他几乎都阅读和编辑过，至今他依然是我的知己与良师。

术语表

为了帮助读者清楚理解本书中的一些关于会员经济的术语，这里制作了一个简短的术语表。

获取漏斗（acquisition funnel）：又称“转换漏斗”（conversion funnel）或“需求漏斗”（demand funnel），是指潜在客户从初步了解产品到最终成为会员的过程。许多组织利用“获取漏斗”这个概念来跟踪评估它们的营销活动在吸引和转化潜在客户方面的效果。

公司消费者化（consumerization of the enterprise）：一种销售策略，先同一家公司内部的员工分别建立关系，等吸引的员工数量足够多时，再与公司谈判，最终将整个公司变成自己的客户。

传教士（evangelist）：对一家公司的产品或服务怀有强烈认同感的会员，会自发地说服别人去购买它们。有时候，他们自身也是超级用户。他们这么做是以鼓励新会员加入为目标的。

免费试用（free trial）：有机会让潜在客户在有限的时间内免

费使用产品或服务，体验一下你的产品或服务带来的全部好处。这种免费试用是有期限的，这一点与免费增值模式下的免费使用有所区别。

免费增值（freemium）：这种商业模式的英文是 free+premium 的简写，即免费收费的混合或“免费增值商业模式”。为会员提供免费选项，可以永久免费，但如果想要享受一些更高级的服务，则要付费。

摩擦（friction）：也称为“障碍”，指导致客户对参与会员制组织踌躇不前的因素。举例来说，复杂的注册流程或令人没有头绪的说明，都可能会成为障碍。

游戏化（gamification）：将游戏思维与游戏机制应用到非游戏场景，以此作为激励因素，诱发特定类型的行为。

沙漏型漏斗（hourglass funnel）：一种特殊的渠道，不仅跟踪潜在客户从了解产品到成为会员的过程，之后还继续跟踪客户对公司营收的影响，比如是否给公司介绍了新会员，是否增加了购买规模。

网络效应（network effect）：每个新会员的加入都提升了所有现有会员获取的价值，后来者获得的价值肯定大于先来者获得的价值。比如，Skype 对于第 100 名会员的价值，肯定大于它对于第一名会员的价值。毕竟，在其他人加入之前，第一个人能和谁去通话呢?

入会（onboarding）：使新会员充分参与会员活动的过程。这个词也用来描述新员工适应公司的过程。

付费墙（paywall）：一种用于阻止用户在不支付更高价格的情况下使用特定功能的方式，以此鼓励用户升级会员资格，以便获得更大的价值。

定价层级（pricing tiers）：指会员为订阅服务付费的不同水平。如果一个组织为会员增添了新功能，改善了服务质量，或者用户的使用量增加，那么定价就会上升。大多数订阅模型都有多个定价层级。

共享经济（sharing economy）：也称作点对点经济或协同消费，是一个建立在资源或技能分享基础上的商业模式。供给方通过在特定时间内让渡资源的使用权或提供服务获得一定的报酬，需求方通过租、借等方式使用物品或服务。比如，爱彼迎和RelayRides都属于共享经济的表现。

软件即服务（SaaS）：它是一种通过互联网提供软件的模式，厂商将应用软件统一部署在自己的服务器上，客户可以根据自己实际需求，通过互联网向厂商定购所需的应用软件服务。用户不用再购买软件，且无须对软件进行维护，服务供应商会全权管理和维护软件。比如，会计事务管理软件Quickbooks、客户关系管理软件Salesforce、文档存储与共享软件Egnyte和营销自动化软件Marketo都提供这类服务。

黏着度（stickiness）：指用户在一个组织的会员身份的持续时间，是衡量用户体验的一个重要指标，是会员留存率的决定因素。

订阅（subscription）：客户定期付费使用一个组织提供的服务、内容或产品，本质上是所有权的短暂转让，不同于所有权完全转让的交易。

超级用户（superusers）：指那些不仅愿意付费，而且特别忠诚和活跃的用户，愿意花大量时间参与社群活动。

转换成本（switching costs）：指客户从购买一个供应商的产品转向购买另一个供应商的产品时多付出的费用。

病毒式营销（viral marketing）：指利用公众的积极性和人脉网络，让营销信息像病毒一样快速复制和传播，类似于生理学或计算机学领域的病毒传播方式。最早被拿来诠释这种营销方式的是微软公司旗下的免费邮箱 Hotmail，收件人每收到一封来自该邮箱的邮件，就会收到一个邀请注册的链接。

参考文献

第一部分

第一章

1. Robert Putnam, *Bowling Alone: The Collapse and Revival of American Community* (New York: Touchstone Books, 2001) (http://bowlingalone.com).
2. Vindu Goel, "G.M. Uses Social Media to Manage Customers and Its Reputation," *New York Times,* March 24, 2014, accessed September 7, 2014, http://www.nytimes.com/2014/03/24/business/after-huge-recall-gm-speaks-to-customers-through-social-media.html?_r=0.
3. Emily Steel, "'Ice Bucket Challenge' Has Raised Millions for ALS Association," *New York Times,* August 17, 2014, accessed August 24, 2014, http://www.nytimes.com/2014/08/18/business/ice-bucket-challenge-has-raised-millions-for-als-association.html.

第二章

1. "About IMVU," accessed August 26, 2014, http://www.imvu.com/about/.
2. Conversation with Cary Rozenzweig, May 22, 2014.

第三章

1. Gail Sullivan, "Facebook Responds to Criticism of Its Experiment on Users," *Washington Post,* June 30, 2014, accessed August 25, 2014, http://www.washingtonpost.com/news/morning-mix/wp/2014/06/30/facebook-responds-to-criticism-of-study-that-manipulated-users-news-feeds/.

第二部分

第四章

1. Conversation with Kevin Donnellan and Lynn Mento, October 22, 2014.
2. (Time McDonald).

第六章

1. Conversation with Camille Watson, May 30, 2014.
2. Lithium website, accessed August 26, 2014, http://www.lithium.com/company/.
3. Conversation with Michael Wu, May 23, 2014.
4. Michael Wu, "The 90-9-1 Rule in Reality," *Science of Social Blog,* September 14, 2012, accessed August 26, 2014, http://community.lithium.com/t5/Science-of-Social-blog/The-90-9-1-Rule-in-Reality/ba-p/5463.
5. Conversation with Jimi Letchford, October 30, 2014.
6. Katie Steinmetz, "Here's What Happened When I Tried a Children's Weight-Loss App," *Time,* July 29, 2014, accessed August 21, 2014. https://kurbo.com/.
7. Conversation with Dawn Sweeney, August 1, 2014.
8. Conversation with Chris McGill, May 30, 2014.

第八章

1. John Borland, "Napster Reaches Settlement with Publishers," CNET, September 24, 2001, accessed September 2, 2014, http://news.cnet.com/2100-1023-273394.html.
2. Julianne Pepitone, "Today Is Napster's Last Day of Existence," CNN, November 30, 2011, accessed September 2, 2014, http://money.cnn.com/2011/11/30/technology/napster_rhapsody.

第九章

1. Conversation with Allen Blue, June 16, 2014.
2. Conversation with Michael Geller, August 4, 2014.
3. Conversation with Tien Tzuo, July 24, 2014.
4. Conversation with David Werdiger, June 18, 2014.
5. Conversation with Jamie Beckland, August 4, 2014.

第十章

1. "Vine Your Disney Side," accessed September 4, 2014, http://disneysidecontest.com.
2. Conversation with Gene Hoffman, July 2, 2014.
3. Conversation with Gene Hoffman, July 2, 2014.

第三部分

1. Verónica Maria Jarski, "Surprising Facts About Customer Loyalty Marketing," August 6, 2013, accessed August 26, 2014, http://www.marketingprofs.com/chirp/2013/11338/surprising-facts-about-customer-loyalty-marketing-infographic.

第十一章

1. Adam Lashinsky, "Why SurveyMonkey Is Holding Off on an IPO," *Fortune,* January 17, 2013, accessed August 23, 2014, http://fortune.com/2013/01/17/why-surveymonkey-is-holding-off-on-an-ipo/.
2. Conversation with Tim Maly, June 17, 2014.
3. Conversation with Vineet Jain, August 23, 2014.

4. Susan Schena, "Tech Firm Egnyte Moves into New 30,000-Sq.-Ft. Headquarters in Mountain View," *Patch,* May 20, 2014, accessed August 26, 2014, http://patch.com/california/mountainview/tech-firm-egnyte-moves-into-new-30000sqft-headquarters-in-mountain-view#.
5. Arik Hesseldahl, "Egnyte Barges into Crowded Corporate Cloud Business," May 23, 2014, accessed August 26, 2014, http://recode.net/2014/05/23/egnyte-barges-into-crowded-corporate-cloud-business/.
6. Conversation with Vineet Jain, August 23, 2014.

第十二章

1. Conversation with Allen Blue, June 16, 2014.
2. "Match.com Fact Sheet 2014," accessed September 2, 2014, http://match.mediaroom.com/index.php?s=30440.
3. Conversation with Fran Maier, August 27, 2014.
4. Craig Smith, "By the Numbers: 100 Amazing LinkedIn Statistics," August 24, 2014, accessed September 2, 2014, http://expandedramblings.com/index.php/by-the-numbers-a-few-important-linkedin-stats.
5. Conversation with Joff Redfern, June 9, 2014.
6. Jon Swartz, "LinkedIn Reports Loss Despite 46% Jump in Revenue," *USA Today,* May 1, 2014, accessed August 26, 2014, http/www.usatoday.com/story/tech/2014/05/01/linkedin-results.
7. Conversation with Bob Baxley, August 17, 2014.
8. Cat Zakrzewski, "Women Use Pinterest, but They Don't Run It," *TechCrunch,* July 24, 2014, accessed August 26, 2014, http://techcrunch.com/2014/07/24/women-use-pinterest-but-they-dont-run-it.
9. "Top 7 Social Media Sites from January to June 2014," *StatCounter Global Stats*, accessed January 16, 2015, http://gs.statcounter.com/all-social_media-ww-monthly-201401-201406-bar.

第十三章

1. Verónica Maria Jarski, "Surprising Facts About Customer Loyalty Marketing [Infographic]," August 6, 2013, accessed August 26, 2014, http://www.marketingprofs.com/chirp/2013/11338/surprising-facts-about-customer-loyalty-marketing-infographic.
2. Cameron Graham, "Study: Why Customers Participate in Loyalty Programs," July 23, 2014, accessed August 26, 2014, http://technologyadvice.com/gamification/blog/why-customers-participate-loyalty-programs.
3. Howard Schultz, *Pour Your Heart Into It* (New York: Hyperion, 1999).
4. Ric Garrido, "Colloquy.com Estimates U.S. Consumers Loyalty Program Points Value," Boarding Area blog, May 7, 2014, accessed August 28, 2014, http://loyaltytraveler.boardingarea.com/2011/05/07/colloquy-com-estimates-u-s-consumers-loyalty-program-points-value/.
5. Michael Bush, "Why Harrah's Loyalty Effort Is Industry's Gold Standard," October 5, 2009, accessed August 26, 2014, http://adage.com/article/news/harrah-s-

loyalty-program-industry-s-gold-standard/139424/.
6. Caesars Entertainment, 2012 Colloquy Loyalty Awards, December 13, 2013, accessed August 26, 2014, https://www.youtube.com/watch?v=RSSXf_etugw&feature=youtube.

第十四章

1. Conversation with Elizabeth Crosta, June 27, 2014.
2. Conversation with Lindsay Pedersen, June 13, 2014.
3. Conversation with Iniko Basilio, June 3, 2014.
4. T-Mobile U.S. First Quarter 2014 Earnings Release, T-Mobile U.S., May 1, 2014, accessed August 26, 2014, http://newsroom.t-mobile.com/news/t-mobile-us-reports-first-quarter-2014-results-and-best-ever-quarterly-performance-in-branded-postpaid-net-customer-additions.htm.

第十五章

1. Bonnie Eslinger, "Kepler's Enters New Era with Owner's Retirement," *San Jose Mercury News*, January, 31, 2012, accessed August 26, 2014, http://www.mercurynews.com/peninsula/ci_19855156?source=rss.
2. Some of Weiss's most popular books include *Getting Started in Consulting, Million Dollar Consulting, Money Talks: How to Make a Million as a Speaker* and *Value-Based Fees: How to Charge—and Get—What You're Worth.*
3. "Alan's Forums," http://www.alansforums.com.

第十六章

1. Jim Hammerand, "Ahni & Zoe (formerly Creative Memories) Is Shutting Down in U.S. and Canada," August 5, 2014, accessed August 27, 2014, http://www.bizjournals.com/twincities/news/2014/08/05/ahni-zoe-creative-memories-shutting-down.html.
2. Conversation with Cathi Nelson, July 7, 2014.
3. "Policies," accessed August 26, 2014, http://www.sierraclub.org/policy.
4. Conversation with Michelle Epstein, June 20, 2014.
5. Conversation with Michelle Epstein, June 20, 2014.
6. Peter Murray, "The Secret of Scale," *Stanford Social Innovation Review*, Fall 2013, accessed August 26, 2014, http://www.ssireview.org/articles/entry/the_secret_of_scale.

第四部分

第十七章

1. Conversation with Allen Blue, June 16, 2014.
2. Conversation with Alex Benn, May 15, 2014.
3. Katharine Kaplan, "Facemash Creator Survives Ad Board," *The Harvard Crimson*, November 19, 2003, accessed August 24, 2014, http://www.thecrimson.com/article/2003/11/19/facemash-creator-survives-ad-board-the/.

第十八章

1. “About Pandora,” accessed August 28, 2014, http://www.pandora.com/about.
2. Erick Schonfeld, “With 80 Million Users, Pandora Files to Go Public,” *TechCrunch,* February 11, 2011, accessed August 28, 2014, http://techcrunch.com/2011/02/11/pandora-files-to-go-public/.
3. Joan E. Solsman, “Like a Rolling Milestone: Pandora Hits 250M Registered Users,” *CNET,* February 27, 2014, accessed August 27, 2014, http://www.cnet.com/news/like-a-rolling-milestone-pandora-hits-250m-registered-users/.
4. Conversation with Tim Westergren, July 8, 2014.
5. Conversation with Leyla Seka, September 4, 2014.
6. Conversation with Leyla Seka, September 4, 2014.
7. “Salesforce.com Named World’s Most Innovative Company by Forbes Magazine for a Record Fourth Consecutive Year,” August 20, 2014, *PRNewswire*, accessed September 4, 2014, http://news.morningstar.com/all/pr-news-wire/20140820SF94598/salesforcecom-named-worlds-most-innovative-company-by-forbes-magazine-for-a-record-fourth-consecutive-year.aspx.

第十九章

1. Conversation with David Kirchhoff, June 19, 2014.
2. Matthew Denos, “A Weight Watchers Case Study: How Smart Marketing Pays Off,” *MarketingProfs,* March 28, 2013, accessed August 27, 2014, http://www.marketingprofs.com/articles/2013/10422/a-weight-watchers-case-study-how-smart-marketing-pays-off.
3. Maisie McCabe, “News Corp Promotes Katie Vanneck-Smith to MD of Dow Jones,” *Campaign Live,* June 25, 2013, accessed August 28, 2014, http://www.campaignlive.co.uk/news/1300539/.
4. Ben Somerset, “Market Leader Interview—Katie Vanneck-Smith, Chief Marketing Officer of News International (NI),” *Creative Brief Blog,* June 25, 2013, accessed August 28, 2014, http://www.creativebrief.com/blog/2013/06/25/market-leader-interview-%E2%80%93-katie-vanneck-smith-chief-marketing-officer-of-news-international-ni/.
5. Tien Tzuo, Zuora and Katie Vannek-Smith, “Digital Media and the Art of Engagement,” *Wired.com*, July 14, 2014, accessed August 28, 2014, http://innovationinsights.wired.com/insights/2014/07/digital-media-art-engagement/.
6. http://thebrainscoop.tumblr.com/post/51777406956/im-not-sure-that-excited-even-begins-to-cover-it.

第二十章

1. Stephen Shankland, “Despite Complaints, Most Adobe Creative Cloud Subscribers Plan to Renew,” *CNET,* March 13, 2014, accessed August 28, 2014, http://www.cnet.com/news/despite-complaints-most-adobe-creative-cloud-subscribers-plan-to-renew/.
2. Conversation with John Kremer, October 17, 2014.
3. Fredric Paul, “Inside Intuit: How A Software Kingpin Is Remaking Itself for Mobile & Services,” September 19, 2012, accessed August 28, 2014, http://readwrite.

com/2012/09/19/inside-intuit-how-a-software-kingpin-is-remaking-itself-for-mobile-services.

4. Michael Liedtke, "Growth Spurt at Intuit," *Los Angeles Times*, August 26, 2002, accessed http://articles.latimes.com/2002/aug/26/business/fi-intuit26.
5. Hal Gregersen, "How Intuit Innovates by Challenging Itself," *HBR Blogs,* February 6, 2014, accessed August 28, 2014, http://blogs.hbr.org/2014/02/how-intuit-innovates-by-challenging-itself/.
6. M. G. Siegler, "Woot's Deal of the Day: Woot!—Amazon Buys It. Price? $110 Million," *TechCrunch,* June 30, 2010, accessed August 28, 2014, http://techcrunch.com/2010/06/30/woot-amazon/.

第二十一章

1. Clayton M. Christensen, *The Innovator's Dilemma: When New Technologies Cause Great Firms to Fail,* Cambridge, MA: Harvard Business Press (1997), http://books.google.com/books/about/?id=SIexi_qgq2gC.
2. "About LinkedIn," 2014, accessed August 31, 2014, http://press.linkedin.com/about.
3. "Social Usage Involves More Platforms, More Often," July 2, 2013, accessed September 2, 2014, http://www.emarketer.com/Article/Social-Usage-Involves-More-Platforms-More-Often/1010019.
4. Conversation with Sarah White, August 28, 2014.
5. Conversation with Allen Blue, June 16, 2014.
6. Brian Chesky, "Belong Anywhere, *Airbnb Blog,* July 16, 2014, accessed August 28, 2014, http://blog.airbnb.com/belong-anywhere/.
7. Austin Carr, "What Hotel Operators Really Think of Airbnb," *Fast Company,* March 20, 2014, http://www.fastcompany.com.